광주문화재단 누정총서 10

양파정
춘설헌

글 정경운

현판 번역 김대현

광주문화재단 누정총서 10

양파정 춘설헌

글 정경운

현판 번역 김대현

심미안

지혜의 보고, 누정여행 길잡이

16세기를 전후해 남도에는 누정이 활발하게 건립되었습니다. 중앙 관료를 지내다 낙향한 선비들이 경관이 뛰어난 곳에 정자와 원림을 조성하여 후학을 양성하였고, 세속의 명리를 탐하지 않고 은둔의 삶을 영위하고자 누정을 건립하기도 했습니다. 강학과 교유, 은일의 공간이었던 누정은 지역공동체의 대소사를 결정하는 집회소이자 공동체 규약을 실천하는 장으로도 활용되었습니다.

그러므로 누정의 건립자가 누구인지, 어떤 사람들이 교류했는지, 무슨 활동이 이뤄졌는지에 대한 연구는 당대의 시대정신과 지역문화사를 밝히는 매우 중요한 작업이라 할 수 있겠습니다.

지난해 광주문화재단은 누정총서 6권을 발간하였습니다. 일동삼승(一洞三勝)이라 불리는 소쇄원, 식영정, 환벽당을 비롯하여 독수정, 명옥헌, 면앙정, 취가정, 풍암정, 송강정이 그것입니다. 이번에는 풍영정, 호가정, 만귀정, 부용정, 양과동정, 양파정, 춘설헌 7곳의 누정을 4권으로 엮었습니다. 지난해에 무등산 자락의 원림과 누정을 다루었다면, 올해는 영산강 자락의 누정과 근대 이후 누정을 새롭게 추가한 것이 특징입니다.

영산강은 호남평야를 비옥하게 살찌우는 젖줄이었고, 내륙 깊숙이 문물을 운송하는 교역의 통로였습니다. 풍영정, 호가정, 만귀정

등의 누정은 바로 영산강 문화권에 자리하고 있습니다. 명필 한석봉이 '제일호산(第一湖山)'이라고 부른 풍영정, 명리를 탐하지 않고 산수 간에 들어 호연(浩然)의 노래를 부른 호가정, 늘그막에 전원으로 돌아가 풍류를 즐긴 만귀정. 특히 부용정과 양과동정은 조선시대 처음으로 향약이 시작되었고, 지금도 그 명맥을 이어오고 있는 곳입니다. 춘설헌과 양파정은 근대 광주의 정신과 문화가 살아 있는 귀중한 유산입니다.

배낭 하나 메고 훌쩍 떠나는 여행길에서 즐겁게 몸과 마음을 풍요롭게 할 반한 누정 길잡이 책. 이번 총서도 쉽고 새미있습니나. 의미도 깊습니다. 필진으로 참여한 전문 연구자들이 일반 독자들을 배려한 애정이 곳곳에서 빛을 발합니다. 좀 더 관심 있는 독자를 위해 누정 현판의 원문과 번역도 함께 실었습니다. 다양한 각도와 때를 달리한 사진들은 텍스트와는 또 다른 책 읽는 즐거움을 선사할 것입니다.

우리는 이 책들이 광주의 누정과 원림을 찾는 여행객들의 사랑을 듬뿍 받기를 소원합니다. 삶의 의미를 되새기고 마음의 정화를 얻어가는 지혜의 여행길에 일조하는 안내서가 되길 바랍니다.

그동안 누정총서 발간에 애쓰신 분들의 노고에 깊은 감사를 드립니다.

2019년 11월

광주문화재단 대표이사 김윤기

차례

책을 펴내며 4

양파정 12

도심 속 은일의 공간

상전벽해의 자리, 양파정

100년 전의 풍경

양파정 주인 정낙교

1914년의 '특별한 결심'

500년 기억의 터, 석서정

석서, '돌로 만든 물소'

사립문[扉]을 열고 닫으니

그 사립문에 소년들이 들다

1919년, 신문잡지종람소의 청년들

'검은머리 차이콥스키'와 4형제

'역사란 무엇인가'라는 물음

한 세대의 시간이 저물다

여행 길잡이

근대와 현대의 전이지대, 양파정 58

춘설헌 66

무등산 산신령님 귀하

그 터, 세 개의 이름

'입살과 혀에서는 불비가 쏟아지는 듯하매'

오방(五放), 다섯 가지를 버리다

말이 어눌한 자가 '仁'에 가까우니

무등산 은자(隱者)들의 만남

삼애(三愛)정신, 그리고 두 남자의 의기투합

지극한 정성은 쉼이 없으니

춘설헌, 봄눈 내리는 자리

아직 한 장도 못 그렸다

다시, 큰 스승들의 시대를 기다리며

여행 길잡이

광주의 예술혼이 살아 있는 곳, 춘설헌 122

양파정·춘설헌 현판 129

양파정楊波亭

양파정
楊波亭

요즈음 양림동은 핫하다. 근대 초기에 들어선 서양식 회벽돌 건물이며 계절 꽃들을 가득 안은 고풍스런 한옥들, 그리고 나지막한 지붕을 가진 집들이 만들어낸 작은 골목들. 언젠가 우리가 갖고 있었으나 이제는 잃어버린 풍경이 그곳에 있다.

도심 속 은일의 공간

양림동은 사직산과 양림산으로 이어지는 능선의 동남쪽에 자리 잡은 마을이다. 조선시대에 양림산은 돌림병에 걸린 어린아이들을 묻던 풍장터일 정도로 외진 곳이었다. 이곳에 근대 초 미국 남장로교 선교사들이 교회와 학교, 병원을 열면서부터 '서양촌'이란 이름을 얻는다. 지금도 커티스 메모리얼홀, 윈스브로우홀, 우일선 사택, 오웬기념각, 선교사 묘역 등 당시 이역의 땅에 들어와 고군분투했던 그들의 삶을 만날 수 있는 흔적들이 곳곳에 남아 있다.

선교사들의 유적을 뒤로하고 언덕배기를 내려오면 소박한 골목

길이 무색할 만큼, 장대한 대지를 품은 한옥들을 만날 수 있다. 이장우 가옥(시 민속자료 제1호)과 최승효 가옥이다. 두 가옥 모두 근대기 상류층들의 생활규모를 읽어낼 수 있는 중요한 건축물들이다. 특히 이장우 가옥은 우리가 곧 만나게 될 양파정 주인 정낙교의 장남, 정병호의 집이었던 것을 기억해두자.

양림동의 진짜 묘미는 마을 둘레길을 돌 때마다 조우하는 다양한 갤러리와 기념관들이다. 이곳에서는 양림동의 문화예술적 자산이 얼마나 풍요로운지를 경험할 수 있다. 더불어 한 시대를 풍미했던 독립운동가와 사회운동가들이 양림동에서 나온 인물들이었음을 알아차리게 될 것이다. '근대역사문화마을'이란 별칭이 아깝지 않은 마을이다.

작은 마을이 품은 이 거대한 역사를 만나기 위해 양림동은 늘 붐빈다. 100년을 넘은 시공간이 얽혀 있듯, 마을을 찾는 사람들 또한 여러 세대가 얽혀 있다. 이곳을 찾는 사람이 한 해 100만 명이 넘는다고 하니, 풍장터였던 시대를 생각하면 가히 격세지감이다. 공간도 사람도 한 세기를 넘나들 만큼이니, 양림동에서 우리는 이렇듯 '오래된 미래'를 본다.

이리저리 길 숲을 헤쳐 나와 긴 시간여행을 마칠 무렵이면, 마을 커뮤니티센터 광장에 서게 된다. 이때쯤이면 지친 다리도 쉴 겸, 어느새 앉을 자리를 찾게 마련이다. 혹여 햇볕 쏟아지는 날이라면, 그늘 자리도 간절해지는 시간이다. 그때 마을 초입에 자리 잡은 양림파출소를 찾아보자. 파출소를 끼고 돌아 사직공원으로 올라가는

길 입구에 경찰충혼탑이라는 사인물이 보일 것이다. 사인물을 따라 조그마한 동산으로 올라가는 길. 몇 계단을 훌쩍 올라가면, 도심의 모든 소음을 지워낸 나무숲 한가운데 정자 하나가 날아갈 듯 고즈넉이 앉아 있다. 양파정(楊波亭)이다.

상전벽해의 자리, 양파정

양파정은 1914년에 건립되어, 1932년에 중건을 거친 뒤 지금에 이르고 있다. 정면 3칸, 측면 2칸의 팔작지붕을 가진 양파정은 사면이 열려 있어 호쾌한 맛을 주거니와, 앞뒤 마당으로 너른 터를 갖고 있어 당시 상당한 규모의 연회가 충분히 가능했었을 법하다. 정자 뒤편으로는 경찰충혼탑이 자리하고 있다. 해방공간과 한국전쟁기에 순국한 경찰관 3,196명의 위패가 봉안된 탑이다. 1956년에 옛 전남도청 앞 상무관 정원에 세워졌다가 1981년 이곳으로 이전, 건립된 것이다. 성격이 영판 다른 두 건축물이 어색한 동거를 하고 있는 셈이다.

정자 앞마당에 서면 나무들이 만들어낸 푸른 병풍 사이로 광주 시내가 한눈에 들어온다. 광주천을 따라 흘러 들어오는 바람을 맞고 있노라면, 뭔가 또 다른 어색함이 스멀스멀 올라온다. 주변의 풍광이 도무지 정자와는 어울리지 않기 때문이다. 눈앞에 펼쳐진 도심의 빌딩들과 정자가 서로 겹쳐지는 이미지는 너무도 생경하다. 그만큼 현재 양파정의 자리는 뜬금없는 것처럼 보인다. 상전벽해도 이만저만이 아니다. 그래서 양파정을 제대로 감상하기 위해

1910년대 양파정 위치에서 보이는 광주천 조탄보 풍경. 건너편 수상가옥으로 보이는 것이 일본식 요정 하루노야(春の家)이고, 왼편 마을 앞의 백사장이 작은 장터이다.

우리는 잠깐 시간을 거슬러 올라갈 필요가 있다. 100년 전으로!

100년 전의 풍경

우선 앞을 가로막고 있는 푸른 병풍을 거둬내야 한다. 그러면 눈앞이 환해지면서 넓게 툭 트인 산야를 가로지르는 또 다른 푸른빛이 눈 안으로 들어올 것이다. 광주천이다. 이때 광주천은 지금과 같은 직선형이 아닌, 구불구불 지형을 따라 돌아가는 사행천이다. 곳곳에 꽤 너른 백사장들도 있어 오일장터도, 어린애들 놀이터도, 어머니들의 빨래터도 되었다. 지금이야 광주천이란 이름으로 통치고 있지만, 당시만 해도 구간마다 이름이 달랐다. 양파정을 기준으

정낙교는 양파정의 자리가 석서정의 옛터라고 했으나 실제는 양파정 아래쯤일 것으로 추정된다.

로 왼편인 현재 양림동과 금동 앞 물길은 '금계(錦溪)', 오른편인 사동과 불로동 앞은 '조탄(棗灘)'이라 불렀다. 이외에도 읍성 앞이라 하여 전천(前川), 읍성 서문 앞을 흐른다 하여 서천(西天)이라 부르기도 했다. 이런 옛 이름들이 삭제되고 '광주천'으로 총칭된 것은, 1916년이다. 일제는 여러 이름들이 주는 혼란을 막는다는 이유로, 하나로 통일시켜 버렸다. 이런 상황은 당시 전국 모든 지역에서 동시적으로 벌어졌다.

금계와 조탄을 조망하며 우리가 서 있는 이곳은 양림산의 끝자락에 매달려 있는 벼랑 둔덕이다. 조탄은 보를 만들어 금계를 거쳐 온 너른 물을 거뜬히 품에 안고 있다. 광주천은 연중 상당기간 동

안 말라 있어 '건천(乾川)'이라고도 불렸으나, 광주 사람들은 조탄보가 있었기에 1년 농사를 지을 수 있었다. 다른 곳은 말라도 이곳만큼은 1년 내내 풍부한 수량을 유지하고 있었기 때문이다. 조탄보가 준 선물이 어디 그뿐이랴. 그 풍요로운 물은 오랜 수목들을 좌우로 끼고 있어 말 그대로 그림 같은 풍경을 만들어냈다. 이런 풍경을 눈 밝은 자라면 그냥 둘 리가 없다. 건너편 물가에 하루노야(春の家, 옛 서남대병원 자리)란 요리점이 일찌감치 터를 잡고 앉은 것이다. 하루노야가 문을 연 것은 1911년이다. 1908년 옛 광주학생회관(현 광주청소년삶디자인센터) 자리에 들어섰던 기타무라로(北村樓)와 함께 광주에서 대표적인 일본식 요정이었다. 일본 게이샤들이 일본인만을 대상으로 영업하던 곳이다.

조탄보 아래쪽으로 눈을 돌리면 물길이 만들어낸 너른 백사장에 4·9일마다 작은장(부동방장, 현 부동교 일대)이 섰다. 양파정이 들어서기 6년 전인 1908년 정월, 구한말 의병투쟁을 이끌었던 호남창의회맹소 영수 기삼연(奇參衍)이 일본군에게 잡혀 총살을 당한 곳이 바로 이곳 작은장터에 면해 있는 서천교 근처였다. 그리고 정자 조성 5년 뒤인 1919년 3월 10일, 작은장터에서는 1천여 명이 만들어낸 태극기의 물결이 읍내를 향해 진출했다.[1]

1 지금까지 1919년 3·1운동과 관련하여, 광주에서는 3월 10일 작은장터에서 처음으로 만세시위가 시작되고, 큰장터에서는 3월 13일에 시위가 열렸던 것으로 알려져 왔다. 그런데 2019년 초, 새로운 주장이 제기된다. 2019년 2월 '광주 3·1혁명 100주년 기념사업회'의 세미나에서 발표된 노성태(광주국제고 교사)의 「광주 3·1운동의 재구성–판결문을 중심으로」에서는, 1919년 3월 10일 큰장터의 모래사장이 최초의 시위 장소이고, 이 행렬이 작은장터로 이동하면서 대규모 만세운동이 펼쳐졌다고 주장하고 있다.

1914년 봄. 그런대로 양림산 둔덕은 평온하다. 오른편 저 멀리 광주의 진산 무등산이 온화한 낯빛으로 광주를 굽어보고, 바로 앞 조탄보에선 뱃놀이를 하고 있으며, 그 뒤편으로는 읍성이 장정처럼 버티고 있다. 조탄보 아래로 흘러내린 강물은 푸른 평야를 가로지르며 영산강을 향해 달려갈 것이었다. 아침에는 거울 같은 수면 위로 물안개가 피어오르고, 벼랑을 따라 늘어진 버드나무 아래로는 고기를 낚는 자들이 열을 지어 낚싯대를 드리우는 곳. 이만하면, 정자 하나 들어서기 딱 좋은 장소다.

> 문득 지팡이를 짚고 올라가 바라보니, 구름과 안개가 걷혔다가 다시 끼는 것이 아침저녁의 온갖 형상이요, 흐르는 시냇물에 줄지어 가로지른 것은 고기 잡는 사람들이 서로 섞여 있는 것이다.
>
> – 정낙교, 「양파정중건기(楊波亭重建記)」 중에서

양파정 주인 정낙교

양파정의 주인은 정낙교(鄭洛敎, 1863~1938)이다. 정자의 이름은 그의 호 양파(楊波)에서 가져온 것이다. 온양정씨 집안으로, 부친은 정태우(鄭兌愚)이며 '학생'으로 기록된 것을 볼 때 평생 처사로 지낸 듯하다. 정낙교의 형제로는 정언교(鄭彦敎, 1852~?)가 있다. 언교의 자는 '치언(致彦)'으로, 고종 19년(1882년)에 식년시의 진사과에 합격했다는 기록이 있다(『숭정기원후5임오식사마방목(崇禎紀元後五壬午式司馬榜目)』). 그 외 집안 내력에 대해서는 정확

정낙교

하게 알 수 없으나, 구한말에서 일제강점기 초기에 농지 투자를 통해 정낙교는 대지주 반열에 들어섰던 것으로 보인다. 당시 정낙교는 현준호, 최명구와 함께 광주의 3대 부자로 알려져 있었으며, 지역사회에서 그를 언급할 때마다 '전남 광주의 대부호', '광주의 복인(福人)'라는 수식어가 늘 붙어다닐 정도였다.

정낙교는 본래 광주군 송정리에서 살다가 1908년 양림리로 이사 온 것으로 전해진다. 그는 재력을 기반으로 지역유지 대열에 들어서면서 1917년 광주농공은행 이사 및 광주금융조합장을 지낸다. 1919년 4월엔 광주군의 참사(參事)로 임명받지만, 곧바로 사임해 버린다. 참사는 요새로 따지자면 일종의 행정자문위원이다. 일제는 1919년 지방관제를 개편하면서 모든 지역의 군(郡)에서 지방유력자들 중 2명을 지명해 참사를 맡겨 식민통치의 보조 역할을 하게 했었다. 아마도 정낙교가 3개월 만에 참사직을 그만둔 것도 이런 역할의 정체를 알아챘기 때문이 아닌가 싶다.

사임 직후 그는 현준호, 김상섭 등과 함께 호남은행을 설립하는 대열에 합류한다. 호남은행은 호남지역의 조선인 유지들이 자본을 모아 1920년에 설립한 민족계 은행이다. 정낙교가 이사를 맡았었던 광주농공은행이 1918년에 조선식산은행에 흡수·합병되면서 민족계 기업인들의 금융 길이 막히자, 광주와 목포를 중심으로 하는 조선인들의 지주자본과 상업자본을 규합해 설립한 은행이다. 1919년 8월부터 지역유지들이 나서 설립을 준비하는데, 여기에 정낙교는 현준호, 김성규, 김상섭, 문재철, 차남신 등과 함께 발기인으로 이름을 올리고 있다.

정낙교는 당시 지역유지들 일부가 보여준 행태처럼 사익을 위해 일본인들과 결탁하거나 지역정치계에 진출해 권력을 확장해나가는 것에는 일정한 거리를 두고 있었던 듯하다. 그렇다고 해서 일본인들과 절연하듯 지내지도 않았다. 1925년 그가 설립한 양파농장 행사 때마다 일본인 군수와 관리들이 지속적으로 참석해 축사까지 한 것을 보면, 이쪽저쪽 두루 포괄하면서 조선인 유지로서의 역할을 해내고 있었던 것으로 보인다. 그는 사상적 색깔을 표 나게 드러내지 않으면서 사회활동을 병행해 나갔다. 광주걸인공제조합 설립 참여(1930년), 광주학교평의원 선출(1931년), 마약중독예방협회 광주지부 활동(1934년) 등 사회 각 방면에서 그의 이름이 오르내리고 있다.

1914년의 '특별한 결심'

이로 보면, 정낙교가 양파정을 조성한 1914년은 지역사회에 그의 이름을 알리기 시작할 즈음으로, 향후 '광주의 대부호'로 칭해지면서 지역유지로서의 역할이 기대되고 있던 때라 할 수 있다. 그의 나이 51세. 앞으로 전개될 역동적인 활동을 목전에 두었음에도 불구하고, 정낙교는 이때 이미 자신을 '노년'이라 칭하고 여생에 대한 계획을 짜고 있었다. 그가 양파정을 지은 것도, 이런 여생의 계획 중 한 자락에 달려 있었던 것 같다.

나는 지극히 어리석고 몹시 비루하여 인간의 대열에 나란히 하기는 부족하다. 그러나 그 뜻만은 일 밖에 마음을 놓아 버리고 산수에서 우유함양(優游涵養)[2]하는 생각이 없지 않았다. 불행히 일찍 풍수(風樹)의 서글픔[3]을 당하게 되었고, 계속해서 조선(朝鮮)이 망하게 되자 세속에서 쉬지 않고 수고로웠으나 일은 마음대로 따르지 않아 그 또한 슬펐다.

그러나 그 뜻만은 단 하루라도 산꼭대기나 물가의 누정 사이와 초목(草木)에 있지 않은 적이 없었다. 어느덧 51세의 나이가 되니 이에 길게 탄식하며 말하기를, "이와 같이 그대로 따르기만 하고 그만두지 않는다면 나는 장차 속세에 장차 늙게 될 뿐이다."라고 하였다.

마침내 옛날에 이른바 석서정(石犀亭)[4]의 황폐한 땅을 얻어서 그 위에 정자를 짓고, 세상사를 벗어나 기거하면서 노년을 마치려는 계획을 삼았는데 지금 이후부터 나의 뜻을 이루게 되었다 할 만하다.

— 정낙교, 「양파정기」 중에서

---

2 우유함양(優游涵養)은 서두르지 않고 조용히 학문의 깊은 뜻을 완미(玩味)함을 말한다.

3 '풍수(風樹)의 서글픔'은 부모를 잃은 슬픔을 가리킨다. '풍수지탄(風樹之歎)'이라고 한다.

4 석서정(石犀亭)은 지금의 광주 사직공원 양파정(楊波亭) 근처에 있었다는 고려(高麗) 말기에 건립된 누정이다.

자신은 본디 자연 속에서 스스로 즐기며 살고 싶었으나 부모가 일찍 돌아가시고, 곧이어 나라마저 잃게 되는 험악한 시대를 만나게 되니, 뜻을 펼치지 못하고 세상일에 얽혀 벌써 노년기에 접어들어 버렸다는 것이다. 그래서 남은 시간만이라도 제대로 보내기 위해 아름다운 누정 한 채를 올리자는 '특별한 결심'을 하게 된다. 양파정은 주인장의 이런 삶의 맥락에서 조성된 것이다.

그런데 정낙교가 정자를 이곳 양림산 끝자락에 앉힌 이유는, 비단 이곳의 풍광이 뛰어났기 때문만은 아니었던 듯하다. 그는 이 장소를 '옛날에 석서정이 있었던 황폐한 자리'라며, 500여 년 전의 역사를 소환해낸다.

500년 기억의 터, 석서정

석서정은 고려 말엽인 1380년대에 광주목사를 지냈던 김상(金賞)이 광주천의 옛 물길 사이에 지었다는 정자이다. 우리는 보통 정자를, 수려한 경관 속에서 풍류를 즐기거나 수양을 하기 위해 지어진 건축물 정도로 이해한다. 하지만 석서정은 우리들의 이런 상식에서 완전히 벗어나고 있다.

석서정이 지어진 내력은 고려 말 문인 목은(牧隱) 이색(李穡, 1328~1396)의 『석서정기(石犀亭記)』에 자세히 전한다. 지금도 대형 태풍이 불어올 때면, 광주천 물이 순식간에 차올라 다리를 넘지나 않을까 걱정할 때가 있다. 하물며 치수가 제대로 되지 않았던 옛날이야 말할 필요가 없다. 김상(金賞)이 목사로 부임해 오니, 장

마만 지면 가옥과 전답 피해가 발생해 고민이 이만저만이 아니었다. 문제의 원인은 분명했다. 광주천은 무등산 증심사 계곡에서 내려오는 물과 지원동의 용연계곡의 물이 합류해서 흐르는데, 장마가 지면 미쳐 날뛰는 큰물로 변한다. 더군다나 양파정 아래처럼 물길이 좁아지는 부분을 만나면, 갈 길을 잃은 물은 결국 주변으로 범람할 수밖에 없었다. 김상이 내놓은 비책은 원래의 좁은 물길 옆에 새로운 물길을 만들어주는 것이었다. 물길을 둘로 나누니, 이후 큰물이 져도 피해가 발생하지 않았다고 한다. 그 두 개의 물길을 가르면서 자연스럽게 섬과 같은 땅이 생겨 여기에 흙을 두텁게 쌓아 정자를 올린 것이 석서정이다.

김상이 정자를 건립한 후, 때마침 위구르 사람 설천용(偰天用)이 남쪽을 유람하던 차에 이곳을 들렀던 모양이다. 설천용이 돌아갈 때, 김상은 그에게 서찰을 하나 얹어 보낸다. 개경의 이색에게 보내는 것이었다. 자신이 정자 하나를 지었으니, 이름과 기문을 부탁한다는 내용이다. 이 서찰을 받은 이색은 정자가 건립된 내력을 이해하고, '석서(石犀)'란 이름을 붙여준다.

석서, '돌로 만든 물소'

'석서'는 '돌로 만든 물소'란 뜻이다. 전국시대 진나라 이빙(李冰)의 고사에서 따왔다. 이빙이 촉군(蜀郡)의 태수를 지낼 때, 강의 범람으로 피해가 막대하자 제방을 쌓고 물길을 나누어 백성들의 생활을 안정시켰다고 한다. 치수 과정에서 돌로 물소를 만들어 물귀

신을 제압했다는 전설로도 유명하다. 이색은 이빙의 주술적 힘을 가진 '석서'를 가져와 정자의 이름으로 삼은 것이다. 그런데 설천용이 김상의 서찰을 이색에게 전하면서, 정자 주변의 아름다움에 대해 설레발을 쳤던가 보다. 유람이 목적이었던 자의 눈에 띈 것이 풍경 외에 더 무엇이 있었으랴. 『석서정기』의 아래 글은 이색이 설천용에게 받은 언어임이 분명하다.

> 이에 물의 옛길에 정자를 짓고, 바로 그것을 중심으로 삼아 보의 물을 나누어 끌어들여 정자의 사면을 두르니, 벽수의 모습과 같았다. 정자의 앞과 뒤에 흙을 쌓아 섬을 만들어 두 곳에 꽃과 나무를 심고, 부교로 출입하였다. 그 속에 앉아 휘파람을 불면, 마치 바다에서 뗏목을 타고 있는데 여러 섬들이 연운(煙雲) 낀 물결 사이로 출몰하는 것 같으니, 그 가히 즐거움을 믿겠는가?
>
> – 이색, 『석서정기』 중에서

그래서 이색은 정자의 풍경을 전하면서 한껏 들떠 있는 설천용을 지긋하게 누르는 한마디를 붙이고야 만다. "후인들로 하여금 이 정자를 지어 수재를 막고 백성이 살 곳을 정하며, 다만 유관(游觀)을 위하여 세운 것이 아님을 알게 하노라." 보고 놀며 즐기기 위해 지어진 정자가 아니라, 물의 재앙을 극복하기 위해 분투했던 백성들과 한 관리의 삶이 그 정자에 오롯이 담겨 있으니, 함부로 가볍게 대할 것이 아니라는 것이다. 석서정에 대한 이색의 마음이 읽히는 대목이다. 하지만 그런 마음의 무게도 아랑곳없이, 석서정은 100여 년을 겨우 넘기면서 사라져 버려 지금은 흔적조차 없다.

정낙교는 양파정의 자리를 석서정의 옛터라고 말하고 있으나, 실제로는 양파정 아래 근처였던 것으로 추정된다(조광철, "김상, 광주천의 물길을 돌리다", 〈광주드림〉, 2016. 7. 6.). 그러니까 2006년에 복원되어 현재 광주대교 옆에 놓인 석서정은 이도저도 아닌 자리에 있는 셈이다. 장소의 정확성은 뒤로 두고, 우리는 정낙교가 500여 년 전의 석서정을 소환해온 이유를 가늠해 볼 필요가 있다. 그는 어쩌면 석서정에 얽혀 있는 긴 사연에서 자신의 삶의 경로를 읽어냈을지도 모르겠다는 생각이 든다.

> 속세에서 골몰하였던 지난날을 돌이켜 생각하니 나도 모르게 꿈속에서도 경악을 금할 수 없었는데 어떻게 이 지경까지 견디어 왔는가.
>
> – 정낙교, 「양파정기」 중에서

일찍 부모를 잃고, 나라마저 잃은 와중에 집안을 단속해오면서 견뎠을 가장의 무게가 확연하게 느껴지는 내용이다. 정낙교가 대지주였음을 생각하면, "지난날을 돌이켜 생각하니 나도 모르게 꿈속에서도 경악을 금할 수 없었는데 어떻게 이 지경까지 견디어 왔는가."라는 표현은 다소 어리광 섞인 과장일 수도, 재산을 불리면서 실제로 겪었을 험악한 과정을 가리키는 사실일 수도 있다. 맥락

이야 어떻든 간에, 석서정으로 인해 양파정은 '기억의 터' 위에 서 있는 셈이다.

사립문[扉]을 열고 닫으니

양파정은 1914년 3월에 공사를 시작해 5월에 마쳤다. 평생의 숙원을 이뤘다. 이제 혼탁한 세상사를 깨끗이 잊고 노년을 마치려는 '깊은 계획'을 실행하는 일만 남았다. 정낙교의 '깊은 계획'은 별다른 것이 아니었다. 꽃나무도 가꾸고 벗들과 술 한 잔 기울이고 시를 읊으며 정담을 나누는 것. 그것이 행복이라는 것이다. 정낙교의 기문에서는 정자 완공을 눈앞에 두고 그가 느꼈을, 저 가슴 깊은 곳을 간질이는 듯한 설렘이 올곧이 전해진다.

> 꽃을 가꾸고 나무를 심으며, 물가를 굽어보고 들녘에 임하여 날마다 벗들과 더불어 술을 마시고 시를 읊으면서 스스로 좋아하는 것을 즐기려 한다.
>
> – 정낙교, 「양파정기」 중에서

정자를 하나 앉혀 놓으니 다행히 꽤 많은 벗 손님들이 드나든 모양이다. 양파정에는 주인 정낙교의 원기(原記)와 원운(原韻) 이외에도 당대 내로라하는 문장가들의 이름이 시와 함께 현판으로 걸려 있다. 운람(雲籃) 정봉현(鄭鳳鉉), 하정(荷亭) 여규형(呂圭亨), 운양(雲養) 김윤식(金允植), 무정(茂亭) 정만조(鄭萬朝), 강암(剛庵)

이용직(李容稙), 의춘후인(宜春后人) 남기윤(南基允), 화은(華隱) 정윤수(鄭崙秀) 등 정낙교와 이러저러한 인연을 맺고 있던 인물들이 양파정에 시를 올렸다. 정자를 찾은 벗들을 위해 먼저 운을 띄운 정낙교의 시를 읽어 보자.

난간 위에 기대앉아 하루 종일 머무르니	倚欄縱目澹忘歸
아름다운 그 모습이 전당(錢塘)처럼 스쳤도다	美與錢塘認不違
동쪽 하늘 서석 위에 밝은 달이 솟아 있고	瑞石東高明月在
서쪽 지역 유교 아래 맑은 연기 서려 있네	柳郊西濶淡烟飛
늙은 나이 낚시하며 나의 뜻을 즐겨하고	晩爲釣叟惟吾志
여러 문붕(文朋) 맞이하며 서로 함께 놀았도다	更捨文朋是孰依
어지러운 세상 소식 들려올까 두려하여	世事翻嫌來到耳
비에 젖은 백판(白板)으로 사립문을 가렸도다	雨中白板掩山扉

– 정낙교의 「원운」

시만을 본다면, 정자 주인은 이미 '깊은 계획'을 이룬 듯하다. 정자에 하루 종일 앉아 맑은 경치를 구경하며 벗들을 맞아 놀고 있으니 말이다. 그런데 그 순간, 아름다운 경치 위로 '전당(錢塘)'이 스친다. 전당은 중국 절강성에 있는 강 이름이다. 전당이 유명한 것은 서호(西湖) 때문이다. 서호는 북송의 시인 소동파(蘇東坡)가 항주 자사(刺史)로 있을 때 제방을 준설해 만든 인공호수다. 뛰어난 경치로 인해 백거이(白居易)를 비롯한 수많은 시인묵객들의 사랑

세종요양병원

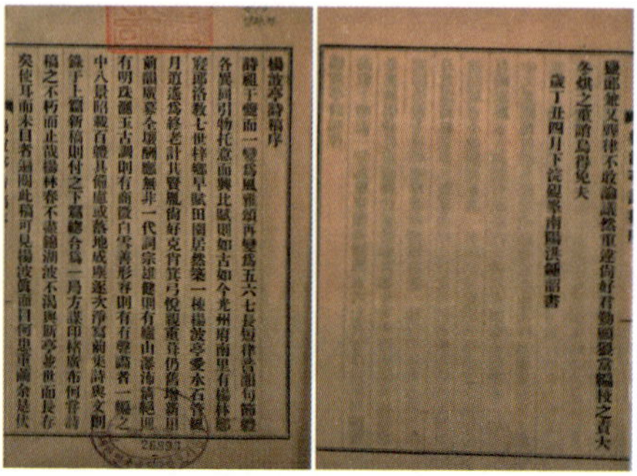

『양파정시고(楊波亭詩稿)』

을 받던 곳이기도 하다. 소동파도 서호의 아름다움을 절세미인 서시(西施)에 비교한 칠언절구 「음호상일초청후우(飮湖上一初晴後雨)」를 남겼다.

때문에 정낙교가 '전당'을 가져온 순간, 양파정 앞에서 바라본 풍경은 1,000년의 시공을 뛰어넘게 된다. 광주천을 달리는 물길은 전당강이 되고, 그 물을 담은 조탄보는 서호가 된다. 그리되면, 이 풍광을 바라보며 시를 짓는 정낙교 자신은 소동파가 될 것이다. 주인장의 마음이 이렇듯 옛 시간으로 가 있으니, 세상의 소란스러움이 그 청정한 안식을 깰까 두려울 수밖에. 그래서 주인장은 문을 닫는다.

물론 벗들은 이 문을 열 수 있도록 허락된 자들이다. 정봉현의 「차운」을 보자.

늙은 주인 나날마다 이 정자에 머무르며	主翁自適日忘歸
유세하는 그의 뜻을 어김없이 이뤘도다	遺世初心竟不違
오가는 판교 다리 시내 위에 누워 있고	遠市板橋橫澗臥
그림처럼 고운 정자 구름 속에 서 있도다	雄州畵閣入雲飛
늙어가는 이 사람도 이런 재미 느끼려고	老矣如吾無此樂
그대 따라 올라와서 서로 함께 즐겼도다	翩然從子願相依
많은 사람 짝을 지어 그지없이 올라오니	也應具眼多登眺
가시덤불 사립문이 하루 종일 열렸도다	且莫尋常晝掩扉

— 정봉현의 「차운」

벗들이 생각보다 많았는지, 마음을 숨기고 싶은 옛 시간에 주인장이 혼자 놀도록 그냥 두지 않았다. 벗들을 맞이하기 위해 사립문은 수시로 열고 닫히느라 하루 종일 혼자 바빴다. 그중 아마도 이 문을 가장 바쁘게 두드렸던 사람이 정봉현이었던 것 같다. 운람 정봉현(雲藍 鄭鳳鉉)은 곡성 옥과 출신으로, 노사 기정진(蘆沙 奇正鎭) 문하에서 수학한 이름난 한학자였다. 양파정 주인의 사돈이기도 하다. 정낙교의 딸 정삼이(鄭參二)와 운람의 아들 정순극(鄭淳極)이 인연을 맺어 사돈지간이 되었다. 그런 인연에 양파정 기문까지 썼다.

사립문[扉]을 가운데 두고 주인장과 열고 닫음을 다퉜던 시들은 『양파정시고(楊波亭詩稿)』에 실려 있다. 이 책은 정낙교 아들 정상호가 양파정을 중건(1932년)하고 묶은 것이다. 1937년 홍종소(洪

鍾韶)·윤허섭(尹許燮)이 쓴 서문을 시작으로 「양파정기(楊波亭記)」, 「양파정중건기(楊波亭重建記)」, 「양파정중수기(楊波亭重修文)」가 수록되어 있으며, 전·후집으로 나뉘어 각각에 시가 수록되어 있다. 그리고 마지막에는 작품을 당선(當選), 가작(佳作), 평작(平作)으로 나누어 해당하는 인물과 작품을 별도로 수록하였다.

그 사립문에 소년들이 들다

시를 읊는 유림들만 양파정의 사립문을 열고 들어온 것은 아니었던 듯싶다. 그 조그만 백판으로 문을 삼으니, 객들은 오히려 쉬이 들어올 것을 권하는 마음으로 읽었다. 정확히 말하자면, 양파정은 주인이 스스로 문을 열어젖혀 수많은 객들이 알아서 가용하도록 허락했다. 광주를 들고 나는 조선인 인사들의 환영연과 송별연이 치러지는 연회장이자, 지역 현안을 논의하는 공론의 광장이었으며, 광주권번 기생들의 판소리를 들을 수 있는 공연장이기도 했다. 정낙교 또한 세상을 떠나기 전까지 이곳에서 매년 전국 한시대회를 열었다 하니, 이쯤 되면 양파정은 근대광주의 복합문화공간이었던 셈이다.

어른들이 이렇듯 무시로 드나드는 장소가 어린 눈들이라 해서 피해갈 리 없다. 어느 여름날, 일군의 소년들이 사립문을 연다. 때는 1919년, 식민지 조선 전체를 가격한 3·1만세운동의 여파가 채 가시기 전이다.

1919년 여름에 광주 양파정에서 동지 10여 인이 회집하여 고고의 성을 발하여 소년단을 조직하고 씩씩한 동지를 규합한 후, 각기 임무에 당(當)케 되어 오늘까지 모름지기 꾸준히 싸워 왔던 것이 사실이다. 조선 소년운동의 최초 발산지를 진주라고 하지만, 그 실은 광주일 것이다. 그 당시 신문에 발표는 안 했을 뿐이다. ××운동을 실제적으로 전개하여 나가면 그만이다는 신조와 주장을 가지기 때문이다.

— 김태오, 「소년운동의 당면 과제(4)」, 〈조선일보〉, 1928. 2. 12.

호기롭게 문을 연 소년은 16살 김태오다. 그 이름이 낯설다면, 우리가 어린 시절 불렀던 동요를 기억해 보자. "우리 집 강아지는 복슬강아지. 어머니가 빨래 가면 멍멍멍.(「강아지」)" "동무들아 오너라. 봄맞이 가자. 너도 나도 바구니 옆에 끼고서, 달래 냉이 씀바귀 나물 캐오자(「봄맞이 가자」)." 가사를 읽는 순간, 자연스레 리듬이 살아나는 이 노래들을 작사한 사람이다. 동요와 동화 작가였을 뿐만 아니라, 일제강점기 국내 소년운동의 최선봉에 서 있던 운동가이자 대표적인 논객이었다.

김태오가 그의 동지들과 함께 양파정에서 회합을 가진 이 풍경은 한국 소년운동사에서 길이 남을 장면이다. 국내 소년운동의 출발 장면을 보여주고 있기 때문이다. 3·1만세운동 직후 광주를 비롯해 안변, 왜관 등에서 소년회가 조직되고, 1920년 진주 소년회, 1921년 방정환 등에 의해 천도교 소년회가 창립되면서 소년운동은 본격화되기 시작한다. 현재로선 1919년에 처음 등장한 광주, 안변, 왜관 소년회의 조직 순서를 가늠할 수는 없지만, 당시 김태오는 광주 '소년단'을 국내 소년운동의 출발점으로 주장하고 있다. 어떻든 양파정이 이로써 한국 근대사 맥락에서 하나의 역사적 공간으로 떠오르게 됐다는 점은 분명하다.

이로부터 다시 10년 후 여름, 1929년 6월 9일. 학교수업이 없는 일요일이다. 청년 1명과 소년 4명이 양파정 동산에 오른다. 21살의 장재성과 광주고보의 김상환과 김보섭, 농업학교 조길룡, 사범학교 송동식이다. 장재성은 1926년 광주에서 결성된 항일학생운동단체였던 '성진회'의 멤버다. 1929년 여름, 일본유학을 중단하고 돌아온 장재성은 학생운동 조직을 재정비할 필요가 있다고 생각한다. 그가 4명의 소년들과 함께 양파정 숲속을 찾은 것도 이 때문이었다. 이 자리에서 각 학교의 비밀결사 조직을 묶을 수 있는 사령탑이 필요하다는 합의가 이루어진다. 그달 중순, 이들은 양림리에 살고 있던 김기권(광주고보)의 집에 다시 모여 사령탑의 이름을 '독서회 중앙본부'로 결정한다. 직후 각 학교들의 비밀결사는 '독서부'로 개편되고, 이들은 그해 11월 3일에 일어난 광주학생운동을 이끌어 나가는 데 주도적 역할을 하게 된다. 이듬해 3월까지 194개 학교의 54,000여 명 학생이 참여한 전국적 항일독립운동으로 확산된 광주학생운동. 그 거대 역사를 만드는 데에 양파정은 이렇게 또 하나의 증거가 되었다.

양파정은 근대 광주의 복합문화공간이었다. 일제강점기 시절 국내 소년운동의 선두에 섰던 김태오와 그의 동지들도 양파정에서 회합을 했다.

1919년, 신문잡지종람소의 청년들

소년들이 양파정을 역사의 공간으로 만들어가는 동안, 이들과 앞뒤로 광주의 시간을 살아갔던 정낙교의 자제들은 어떤 삶을 보내고 있었을까. 정낙교의 자제들 중 현재 자료상으로 확인할 수 있는 것은 3남 1녀 정도이다. 아마도 더 있을 것으로도 추정되지만, 이 또한 확실치 않다. 아들로는 정병호(鄭秉好), 정상호(鄭尙好), 정석호(鄭錫好)를 두었고, 딸은 정봉현의 아들과 결혼한 정삼이가 있다.

장남 정병호는 후에 백부의 양자로 들어가면서, 정낙교의 호적상 장남은 둘째 정상호가 된다. 요새 양림동 방문객들이 자주 찾는 이장우 가옥을 가면, 늘 정병호의 이름이 오르내리는 것을 볼 수 있다. 730평대에 달하는 이 거대한 저택의 원래 주인이 정병호였기 때문이다. 아버지 정낙교에게서 물려받았으나 가세가 기울면서 1960년대에 이장우의 소유로 넘어갔다고 한다. 정병호의 행적을 어떤 기록에서도 찾을 수 없는 걸 보면, 당시 주목받을 만한 사회 활동은 하지 않았던 것 같다.

정낙교의 옆에서 아버지 사업을 도우며 보살폈던 아들은 정상호였다. 형을 대신해 장남 역할을 해야 했으니 당연한 일이기도 했을 것이다. 상호는 부친이나 다른 형제들과도 달리, 열혈 청년의 모습을 보여준다. 1917년, 그가 19세였을 때이다. 불로동에 있던 옛 측량학교(구, 서남대병원 뒤편) 건물에, 지역 청년 10여 명과 함께 '신문잡지종람소'를 연다. 당시 그 건물은 정낙교의 소유였다. 그들은 이곳에 모여 신문과 잡지를 윤독하고 역사공부도 하고 고명한 인사들을 초청해 세계정세에 대한 강연도 들으면서 지냈던 모양이다. 이런 활동이 1년 여 지속되니, 일본경찰의 요주의 대상이 될 수밖에 없었다. 경찰의 닦달이 있었던지 정낙교가 이 건물을 광주면에 넘겨 면사무소가 이곳으로 이전하면서, 종람소 회원들은 쫓겨나게 된다. 이들은 충장로 4가에 있는 한옥으로 옮아가 '삼합주조장'이란 간판을 달고 활동을 지속했다고 한다.

정상호

종람소 회원들이 역사의 전면에 등장한 것은 이듬해 1919년이다. 그해 2월, 일본 유학 중이던 광주 출신 정광호(鄭光好)가 '조선청년독립단' 명의의 「2·8독립선언서」를 지니고 서울을 거쳐 광주로 들어온다. 광주에서 만세 시위를 도모하기 위해서였다. 그는 한 달여 동안 지역의 여러 인사들과 함께 준비해 3월 10일 큰 장터에서 만세운동을 일으킨다. 정광호와 함께 이 일을 같이 도모했던 아주 중요한 그룹이 바로 종람소의 회원들이었다. 결국 만세운동 이후 체포된 회원들 중 4명은 1년 6개월에서 3년형까지 선고를 받게 된다.

정상호가 만세운동에 어느 정도까지 개입했는지는 정확히 알 수 없으나, 아들 동료들이 체포되어 재판까지 받게 되는 정황이 정낙교에게는 심란했을 것이었다. 이대로 두면 큰일이겠다 싶어, 두 아들(정상호와 정석호)을 모두 일본으로 보낸 것 같다. 이들은 일본

豊富한聲量을가진
新進聲樂家鄭君
사계의권위「아벨트」씨의
문하에서전공한후귀국해
伯林에서도大好評

독일 성악계에서 활동하다 귀국한 정석호를 다룬 기사.(〈중외일보〉, 1928. 5. 18.)

에서 공부하다가 1922년 같이 독일로 넘어가게 된다. 상호는 2년여 만인 1924년 말이나 이듬해 초에 귀국한 것으로 추정되는데, 이리 보면 그는 공부에 큰 염은 없었던 듯하다.

귀국 후 그는 1925년 9월에 아버지가 설립한 양파농장의 일을 도왔다. 거대한 토지를 관리하기 위해 설립했는데, 소작인으로 조직된 양파흥농조합의 조합원만 1,300여 명이 될 정도였으니, 그 규모를 짐작할 만하다. 당시 이 농장은 근대식 경영방법을 도입해 지역사회의 모범농장으로 소개되기도 했다. 설립은 정낙교가 했지만 사실상의 경영은 정상호가 맡은 것 같다. 이때 정낙교의 나이는 63세로, 대규모 땅을 경영하기에는 이미 연로했었기 때문이다. 이후 양파농장은 1934년 합명회사가 되는데 정낙교와 정상호가 공동 사장으로 등록되었다가, 정낙교 사망 후에는 정상호의 소유로 되었다.

정상호는 양파농장 경영을 도우면서도 독자적으로 제일약품(주)도 설립하고, 전남도시제사(주)의 이사도 지내는 등 지역유지로서 아버지를 닮아가는 삶을 살았다. 그러나 인생의 마지막은 아버지처럼 편안한 상태는 아니었다. 해방 후, 광천동에 정상호 자신을 포함한 지역 유지들이 힘을 모아 만든 대성대학(1965년 숙문학원, 1978년 송원학원)의 대학장을 맡기도 하고, 한국전쟁 후에는 정치계에 발을 들여놓기도 했으나, 1958년 광주시장 선거에 나섰다가 낙선한 후에는 그의 행보를 찾을 길이 없다. 다만 광주를 떠났다는 소식만 전한다.

정석호의 소식은 훨씬 빨리 끊긴다. 그는 베를린에서 철학을 공부하다가 1924년부터 1926년까지 베를린음악학교(당시 Das Stern'sche Konservatorium)에서 성악을 전공했다. 스승은 알프레드 미헬(Alfred Michel)이었다. 그때 그와 같이 공부했던 사람이 벌교 출신의 음악가 채동선이다. 음악학교에서 둘만이 조선인이었으니 상당한 친분을 쌓았을 법하다. 하지만 귀국 후, 두 사람의 삶은 전혀 다르게 전개된다.

정석호는 학교 졸업 후, 독일 성악계에서 활동하다 1928년 5월에 귀국하는데, 당시 조선음악계에서는 그의 귀국이 화제가 될 정도로 신진음악가로서 기대를 한 몸에 안고 있었다. 하지만 어찌된 연유인지, 그는 국내 음악계에 데뷔하지 않은 채 음악애호가로만 남게 된다. 짧은 생애를 살다 간 채동선이 엄청난 음악적 성과를 남긴 것을 생각하면, 독일 음악계에서 호평을 받고 돌아온 정석호가 만약 제대로 활동을 했었다면 어쩌면 한국음악사는 다른 역사를 갖게 되었을지도 모르겠다. 하지만 정석호의 능력에 대한 이 안타까움을 일거에 상쇄시켜 버릴 또 하나의 인물을, 우리는 정낙교의 후손에게서 만날 수 있다.

'검은머리 차이콥스키'와 4형제

독일유학을 떠났던 정낙교의 두 아들, 상호와 석호는 광주 집으로 돌아올 때 각자 선물을 준비한다. 두 개의 선물은 두 사람의 취향을 그대로 보여준다. 상호가 들고 온 것은 야구용품이었다. 그가 이 용품을 갖고 광주로 입성하기 전, 숭일학교 교사 김춘식이 간단한 장비를 가져와 양림동 냇가에서 공치기를 한 것이 광주야구의 시초라 전한다. 그런데 상호가 이때 가져온 야구용품 일체가 꽤 대단했던 듯하다. 이것들로 양림구락부가 만들어졌기 때문이다. 상호는 야구뿐만 아니라 승마, 축구도 즐겼을 만큼 운동에 일가견이 있었다. 해방 후에는 광주축구협회 초대회장을 지낼 정도였다. 이런 형의 취향과는 전혀 다르게, 석호의 귀향 선물은 그랜드 피아노였다. 물론 그의 전공을 생각하면 딱히 놀랄 것도 없지만, 요즘 세상에도 가져오기 부담스러운 그랜드 피아노를 그 시절에 가져왔다고 생각하면 입이 딱 벌어질 만한 것이긴 하다. 이 또한 당시 정낙교의 재력이 어느 정도였는지 확인할 수 있는 부분이다.

그런데 아무래도 석호의 피아노는 주인이 따로 있었던 것 같다. 그 피아노에 대한 기억과 경험을 가장 강렬하게 품고 있는 이는,

석호의 외조카 정추이다. 정낙교의 딸 정삼이와 정봉현의 아들 정순극이 결혼해 4남(정준채·정추·정권·정근) 1녀(정경희)를 얻게 되는데, 정추는 셋째로 태어났다. 인간의 삶이라는 것이 일상적으로는 웃음과 눈물, 평온과 격동 등이 뒤섞여 있는 만큼 복합적이지만, 거대서사만 간추려놓고 봤을 때 유독 눈을 돌리고 싶을 만큼 비극성이 강화되는 경우가 있다. 정낙교의 외손들, 정추를 포함한 4형제의 삶이 그렇다.

1937년 광주 외숙부댁에서 피아노 연습을 하고 있는 정추.

1937년 양림동 외숙부집에서 피아노 연습을 하고 있는 한 소년이 있다. '검은머리 차이콥스키.' 향후 러시아에서 차이콥스키 음악 계보를 잇는 4세대 작곡가라는 이름을 갖게 될 정추(鄭樞)이다. 그는 일곱 살 때부터 노래를 작곡할 정도로 음악적 재능을 가지고 있던 데다, 판소리를 좋아하는 외할아버지 덕분에 친구 정율성과 양파정에 함께 올라 감상하기도 하고, 외갓집의 피아노를 독차지하면서 음악적 소양을 쌓아갔다. 그리 평탄할 것만 같았던 일상이 격동의 시간으로 넘어가는 시작점은 1941년, 광주서중(현 광주일고)에서 퇴학을 당하면서부터다. 일본인 교관을 '군(君)'이라 불렀다가

죽도록 얻어맞은 후, 결국 퇴학까지 당한 것이다. 이후 양정고보에서 학업을 마치고 1942년부터 니혼(日本)대학에서 음악을 전공한다. 형 정준채(鄭準采)도 니혼대학에서 영화연출을 전공하고 졸업해 조연출로 활동하고 있었다. 이때 형의 영향을 받아 사회주의에 대한 관심을 갖게 된다. 이후 태평양전쟁이 막바지에 달할 무렵, 강제징병을 당했다가 오사카에서 해방을 맞이한다.

해방 후, 정준채는 서울 원남동에서 '서울키노'라는 영화제작소를 차리고 정추를 불러온다. 영화음악을 도와달라는 청이었다. 이듬해인 1946년 2월, 정준채는 〈민족전선〉이란 영화 제작을 위해 북한으로 넘어간다. 그해 평양에서 열리는 행사들을 찍기 위해 갔는데, 아예 그곳에서 영화촬영소까지 만들고 다시 정추를 불러들인다. 정추는 잠깐 다녀올 생각으로, 부모님께 "일주일 뒤에 오겠다."라는 말을 남기고 평양으로 떠났지만, 그것이 마지막이었다. 그가 다시 한국 땅에 발을 디딘 것은 1989년으로, 부모님이 돌아가신 한참 후였기 때문이다.

두 형제가 영화제작소의 영화제작부장과 음악과장으로 일하고 있을 무렵, 1948년 4월 남동생 정권(鄭權)도 월북한다. 정권은 정추의 권유에 따라 평양노어대학(현 평양외국어대학)을 마친 후, 상업성에서 일하던 중 한국전쟁이 터지자 인민군으로 복무하다가 소식이 끊겼다. 전쟁이 어느 정도 소강국면에 접어든 1951년, 정추는 소련 유학생 모집시험에 응시해 합격한다. 정추 개인사의 대전환이 다시 시작된 지점이다. 1952년에 차이콥스키음악원에서 본격적인 음악수업을 시작하는데, 그의 스승은 아나톨리 알렉산드로프(Anatoly Alexandrov). 차이콥스키 3대 계보를 잇고 있던 거물 작곡가였다. 제자의 뛰어난 음악적 재능을 사랑했던 알렉산드로프 밑에서 6년을 수학, 정추는 교향곡 「조국」으로 만점을 받고 졸업한다. 이 곡은 1961년 소련이 유리 가가린의 달 착륙을 성공시킨 후에 가진 축하자리에 연주될 정도로 뛰어난 작품이었다. 하지만 만점이라는 환호도 잠시, 정추의 마음은 혼란하기 그지없었다. 졸업 후, 그는 소련 망명을 택할 것인가 북한으로 돌아갈 것인가 기로에서 있었기 때문이다.

정추가 졸업을 바로 앞둔 1957년 11월 17일. 모스크바종합대학 강당에 800여 명의 북한유학생과 대사관 관계자들이 모인 북한유학생대회가 열리고 있었다. 정추는 이 자리에서 친구들과 함께 당시 북한에서 진행되고 있었던 김일성 우상화를 비판하는 발언을 하게 된다. 대회장은 순식간에 아수라장이 되고, 정추와 함께 비판 발언을 했던 친구들은 간신히 그 자리를 도망쳐 나왔다. 그 후 북한대사관의 위협이 계속되었다. 결국 정추는 졸업과 동시에 소련에 망명을 신청한다. 곧 망명 허가가 떨어졌다. 그러나 모스크바 밖으로 나가야 한다는 조건이었다. 정추는 카자흐스탄으로 가기로 결정, 사망할 때까지 이곳에서 음악가로서의 삶을 살아간다.

카자흐국립여성대학 음악부에서 30여 년간 교수로 지내는 동안, 정추가 남긴 음악 업적은 놀랄 정도이다. 고려인들이 사는 마을을 구석구석 찾아다니며 1천여 편의 구전가요를 채록했으며, 300

여 편의 관현악곡과 실내악곡, 칸타타 등을 작곡해냈다. 카자흐스탄 음악교과서에는 그의 작품이 60여 곡이나 실려 있다. 1991년에 카자흐스탄 정부는 그의 음악적 업적에 대한 예우로 '공훈문화인'이란 칭호를 내렸다. 2013년, 고국의 품에 잠드는 것이 소원이었던 그는 50여 년을 살았던 카자흐스탄 알마티에서 90세의 나이로 영면에 든다. 일제강점기엔 '황국신민', 광복 후엔 '북한 공민', 망명 후엔 무국적자로 17년, 그 뒤엔 '소련 공민', 소련 붕괴 후엔 카자흐스탄 '국민'. 한 생애의 파란만장함이 이런 어처구니없는 국적의 변화로 요약될 수 있다는 사실에, 때로는 역사가 한 개인의 삶을 관통할 때 얼마나 잔인해질 수 있는지 새삼 깨닫는다.

정추의 유학 시절 잠깐 모스크바에 들렀던 형 준채는 북한으로 돌아간 후, 숙청된 것으로 보인다. 아마도 동생의 망명이 영향을 미쳤을 것이다. 남한에 남은 정근(鄭槿)의 삶도 호되기는 마찬가지였다. 정근은 우리에게 아주 익숙한 "텔레비전에 내가 나왔으면, 정말 좋겠네~"를 비롯해 「둥글게둥글게」 등 많은 동요를 만든 작가이다. 아들 셋이 월북해 버린 황망한 상황을 받아들이기 힘들었던 어머니는, 멀쩡하게 살아 있는 정근을 사망신고 한 뒤 셋째 정권의 이름으로 살게 했다. 월북자 하나라도 줄여 볼 심산이었다. 그럼에도 어마무시한 집안 내력은 정근의 삶에 끈질기게 따라붙었다. 형사의 상시적 감시와 괴롭힘은 늘 상존하는 것이었고, 한 직장에서 30여 년을 일했지만 그는 늘 비정규직 신분이었다.

어쩌면 4형제의 생애가 하나같이 이렇듯 숨찰 수가 있을까. 시문과 소리를 즐겼던 외할아버지 정낙교, 부드럽고 풍요로운 음색을 가졌던 성악가 외숙 정석호. 그 외가의 예술적 감수성을 그대로 이어받은 외손들. 역사에는 가정법이 없다지만 그래도 이들 4형제가 혹 다른 시대를 살았더라면 어땠을까. 고통스러웠던 그들 청춘의 시간이 너무 안타까워 부질없는 질문을 던져 본다.

'역사란 무엇인가'라는 물음

조국의 분단 현실이 4형제의 삶을 관통해 버렸다면, 그들의 친조부였던 운람 정봉현은 전혀 다른 방식으로 자신의 삶에 시대의 흔적을 남겼다. 2019년 벽두에, 양파정은 예기치 못한 뉴스거리로 주목을 받았다. 광주 내 친일 잔재물을 조사하는 과정에서, 양파정 현판에 상량문과 차운시를 올렸던 문사들 중 4명의 이름이 거론된 것이다. 정봉현, 여규형, 남기윤, 정윤수가 그들이다. 이들 4명 모두『친일인명사전』에 올라 있는 인물들이다.

정봉현, 여규형, 정윤수는 경학원(經學院)에 복무했던 이력이 문제가 되어 유림분야 친일인명부에 등록되었다. 경학원은 조선총독부가 성균관을 폐지하고 총독부 정책과 지배이념을 홍보하는 것을 주된 기능으로 하여 설립한 조선총독부 직속기관이었다. 한반도를 두고 세계열강들의 각축전이 벌어졌던 구한말, 지식인들의 시대적 응전이 다양한 방식으로 전개되고 있었을 때이다. 당시 일본의 근대화된 문명의 힘에 압도되어 '약육강식'의 현실을 인정한 채, 국가 독립보다 문명화와 유교의 보존을 중요한 일로 인식하는 일

군의 유림들이 있었다. 이들은 한일병합 이후 자발적으로 일제 협력의 길을 걷게 되는데, 그중 대표적인 것이 경학원 직원으로 복무하는 것이었다. 경학원은 교육기능보다 주로 교화기능에 치중했는데, 강사들은 강연회를 통해 유림과 조선 인민들에게 총독부의 신정 취지를 주지시키는 것이 주된 임무였다.

경학원 강사는 종신직으로, 전남의 정봉현은 5년(1913~1918), 경성의 여규형은 9년(1912~1921) 동안 강사를 지냈다. 이들은 재직 시절에 일본 천황과 황태자를 칭송하는 한시를 작성하고 일본의 식민통치를 지지하는 순회강연을 했다. 특히 여규형은 가장 적극적으로 활동한 인물로, 매천 황현 선생은 그에 대해 "개화 이래 외인(外人)을 따라붙어 한 발짝이라도 뒤떨어질까 걱정하였으므로, 사람들이 침 뱉고 욕하였다(『매천야록(梅泉野錄)』)."라 평했다. 정윤수는 경학원 사성(司成, 1917~1921)을 지내면서 『경학원잡지』를 편집하는 일을 맡았다.

사실 현판으로만 안 남았을 뿐이지, 양파정에 차운시를 올린 인사들 중 정만조와 김윤식은 경학원 대제학(大提學)을 지냈으며, 이용직도 부제학(副提學)을 지낸 이력이 있다. 이 중 정만조는 조선총독부 중추원 촉탁까지 지냈으며, 철저한 친일파로 이름이 높았다. 손자의 이름까지도 일본 천황 이름 다이쇼 천황에서 따와 '대갑(大甲)', '정갑(正甲)'으로 지었다는 설이 있을 정도다. 김윤식과 이용직은 자작 작위까지 받았으나, 3·1운동이 일어나자 독립을 요구하는 「대일본장서(對日本長書)」를 제출해 저항하면서 작위를 박탈

당한다. 덕분에 둘은 친일인명부에서 제외된 상태다.

양파정이란 작은 공간 하나에서만 읽어낼 수 있는 역사가 이렇듯 한 움큼이니, 시대의 시공간을 넓혀 보면 태산을 이룰 것이다. 어떻든 친일 잔재물로 지적된 정봉현과 3인의 현판에는 곧 '단죄문'을 설치할 계획인 모양이다. 정봉현의 손자들 4형제가 안고 있는 기가 막힌 삶과 그들의 조부세대가 보여준 무너진 선비정신 앞에 선 우리들에게, 양파정은 '역사란 무엇인가'라는 물음을 가감 없이 던지고 있다.

한 세대의 시간이 저물다

1938년 4월 29일, 몇 달 동안 병석에 누웠던 정낙교는 75세의 나이로 세상을 뜬다. 숨 가쁘게 달려온 생애였다. 엄청난 재산을 관리하고, 조선인 구제사업들에도 참여하고, 여기저기 기부명단에도 빠지지 않을 만큼, 그런대로 지역유지 역할을 해내온 삶이었다. 그는 죽음의 순간까지도 이 역할을 해내었다. 정낙교의 사망 후, 가족은 고인의 유언에 따라 교육시설과 사회단체에 1,650원을 기부한다. 요즘의 화폐가치로 정확히 환산할 수는 없지만 어마어마한 돈이었을 것이다. 그로부터 반년 후에, 정낙교의 부인 조(曺)씨도 남편을 뒤따라간다. 부인 역시 아들들에게 650원을 사회에 기부할 것을 유언으로 남겼다. 이듬해에 정낙교의 땅에서 소작을 치던 사람들은 그를 기리는 비석 하나를 세운다. 그 비석은 '참봉 정낙교 시혜비'란 이름으로 서구 농성광장에 서 있다.

농성광장에 위치한 참봉 정낙교 시혜비

사실 정씨 부처가 죽는 순간까지 이 정도의 사회적 역할을 할 만큼, 이들의 사망 당시 집안의 위세는 그야말로 짱짱했다. 아마도 이만하면 후손들이 걱정 없이 살아갈 것이라 편안한 마음으로 눈을 감았을 것이다. 그러나 이후의 시간은 그의 마음과는 정반대로 흘렀던 것 같다.

"나의 정자는 근심하는 사람, 즐거운 사람, 출세한 사람, 가정에 거처한 사람, 멀고 가까운 사람의 청상(淸償)에 도움이 안 될 수는 없다. 그래서 이른바 때에 맞게 놀고 쉬는 자들과 여러 사람이 함께해야지 어찌 혼자만 독점할 수 있겠는가."라고 하였다. 듣고 있는 사람은 묵묵히 아무 말도 없었다. 마침내 그 이야기로 이와 같이 기문을 지었다. 원컨대 우리 자손들이 이 의미를 잘 체득하고 계승하여서 정자를 수리하면 이 일은 영원할 것이다.

— 정낙교, 「양파정중건기」 중에서

정낙교는 양파정을 세우고, 이 정자가 후손들에 의해 계계승승 보전되기를 바랐다. 그런 보전을 해나가는 자손이 있어야만, 거센 탁류와 같은 시대를 개척해 온 정낙교 자신의 대서사가 아름답게 완성될 것이었다. 하지만, 아름다운 서사를 완성시켜줄 자손들의 소식은 들리지 않고, 지금은 양파정만 홀로 서서 온양정씨 집안에도 한때 풍요로웠던 시간이 있었음을 증언해주고 있을 뿐이다. 양파정을 내려오는 길, 100년 전 조탄보의 잔잔한 수면 위엔 지는 해가 물들고 있다.

참고문헌

1차 자료

〈매일신보〉, 〈동아일보〉, 〈시대일보〉, 〈중외일보〉

중촌자량, 『한국은행회사조합요록』(1929~1937), 동아경제시보사.

「조선총독부및소속관서직원록」.

논문·단행본·기타 자료

「在카자흐스탄 亡命음악가 鄭樞」, 『월간조선』, 2010년 9월호.

광주광역시 남구문화원, 『광주남구향토자료모음집 Ⅱ :문화유적』, 2001.

광주광역시립민속박물관, 『사진으로 만나는 도시, 광주의 어제와 오늘』, 2007.

광주광역시립민속박물관, 『오디세이, 광주120년』, 2016.

광주교육대학교 산학협력단, 『광주 친일 잔재 조사』, 2019.

구해우, 『정추: 북한이 버린 천재 음악가』, 시대정신, 2012.

김신중, 「광주 석서정의 명칭 및 기문 연구」, 『호남문화연구』 47, 전남대 호남학연구원, 2010.

김정호, 「김정호의 향토인문학」 연재시리즈. 〈무등일보〉.

독립기념관, 『한국독립운동의 역사』 20권, 22권, 41권.

박선홍, 『광주1백년』 3권, 광주문화재단, 2015.

오인교, 「남도정자기행」 연재시리즈, 〈한국매일〉.

이경분, 「북한의 망명음악가 정추 연구」, 『통일과 평화』 7-1, 서울대 통일평화연구원, 2015.

정욱재, 「1901~1920년대 경학원의 인적 구성과 역할」, 『정신문화연구』 30-1,

한국학중앙연구원, 2007.

정욱재, 「20세기 초 일제협력 유림의 경학원 활동」, 『한국사학보』 56, 고려사학회, 2014.

정일균, 「일제의 무단통치와 경학원」, 『사회와 역사』 76, 한국사회사학회, 2007.

조광철, 「광주갈피갈피」 연재시리즈, 〈광주드림〉.

최명표, 「김태오의 소년운동론」, 『한국아동문학연구』 22, 한국아동문학학회, 2012.

친일인명사전편찬위원회, 『친일인명사전』 1–3, 민족문제연구소, 2009.

근대와 현대의 전이지대, 양파정

어렸을 적 동물원에 가고 싶어 혼자 버스를 타고 어렵사리 찾아 온 추억이 깃든 곳이 사직공원이다. 1980년대까지 이곳은 광주의 유명한 명소였다. 아니 지금도 명소에 해당된다. 다만 사람을 끌 만큼 시대를 만나지 못했고, 매력적이지 않을 뿐이다.

그럼에도 여전히 이곳 사직공원을 찾는 이들이 있다. 바로 사직공원 오르는 길의 통기타 거리를 찾는 향수세대들이다. 이들이 이곳을 찾는 시각은 1차가 아닌 2차를 하는 늦은 밤이다. 주인장의 기타 선율에 맞춰 목청껏 불러재낄 수 있는 곳, 흔히들 '사직골'이라고 부른다. 여기에 주로 출입하는 이들의 연배는 40대 후반에서 60대 초반이 주종을 이룬다. 그런 술집에 들어서면 어지간한 사람들은 서로들 아는 처지이다. 때문에 간혹 누군가 대신 술값을 내주어도 낯설지 않고, 타시락거리는 소리가 들려도 모두 모른 체할 줄 안다. 동시대의 격정과 풍랑을 건너왔기 때문일 것이다.

그런 사직골의 모퉁이를 돌면 또 다른 세계가 등장한다. 개화기 선교사들의 신앙과 삶이 조선인의 일상과 버무려지며 태동한 양림동이다. 요즈막 광주에서 가장 '핫플레이스'다. 선교사 유적과 백여 년 전 내로라하는 부잣집과 온갖 카페와 빵집과 핫한 공간들이 즐비한 곳이다. 거기에 화룡정점과 같은 곳이 펭귄마을이다. 생활 속 오래된 소품들을 버리지 않고 고쳐서 내걸고, 새롭게 다듬어서 전시한 것들이 군집을 이룬다. '핫플'이라는 말이 생겨나고 '인증샷'이라는 말이 조응하면서 생긴 현상 가운데 그야말로 뜨거운 장소가 양림동이다.

하지만 저 모퉁이 사직골의 출입자들은 해당되지 않은지 생판 다른 풍경이 언덕 하나를 사이에 두고 벌어진다. 그야말로 중립의 지대, 마음먹고 오르지 않으면 그곳에 무엇이 있는지 아무도 모를 곳이 양파정이다. 양림동과 사직동의 끄트머리 경계지점에 선 이 정자는 온양정씨 정낙교가 지은 것이다. 그것도 일제강점기인 1914년에 51살인 그는 일종의 은퇴선언의 알리바이로 이곳 언덕에 정자를 구축했다.

과거 이 일대는 광주의 역사를 간직한 읍성이 환하게 내려다보이는 곳이었다. 시가지의 전망이 가장 환하게 보이면서 아래로는 물줄기가 쉬어가는 보가 있었다. 때문에 역사적 풍취를 간직한 희경루나 실용적인 가치와 기원의 의미를 지닌 석서정이라는 누정이 인접해 있었다. 하지만 이들이 사라지고 그 강물을 바라볼 만한 그 어떤 공간도 없었다. 게다가 이곳은 강물이 거세게 몰아쳐서 깎아

놓은 공격사면의 지형에 굵직한 암반이 있고, 그 위에 토층이 쌓인 곳이다. 한마디로 정자가 갖춰야 할 물과 바위와 조망권이 보장된 공간이었다.

양파정은 크게 화려하거나 장식적이지 않다. 사면으로 열려 있어 주변의 모든 것을 포용할 수 있다. 본래 우리 정자는 어떤 것을 인위적으로 들여오지 않는다. 집을 얹혀 놓으면 자연스럽게 주변을 빌려다 볼 수 있는 구조이다. 그런데 이게 자연에만 해당되는 것이 아니라 사람에게도 해당된다. 이곳에서 이뤄진 각종 시회 모임을 보면 주인이 이 공간을 갖게 된 내력과 그에 호응한 지우들을 알 수 있다. 더불어 상시로 열린 공간인지라 주인이 모르는 사이에 다른 사람과 다른 생각들도 넘나드는 곳이다.

양파정도 마찬가지다. 판소리 공연장이 되고, 한시 경연장이 되고, 김태오를 비롯한 광주 소년들이 의기투합한 소년운동의 발상지가 되고, 광주 학생들의 항일 운동을 위한 모임 공간이 되기도 했다. 정낙교가 지은 정자가 일종의 광주문화의 매개 공간이 된 것이다.

서양의 문물을 가장 먼저 들여놓은 양림동과 옛적부터 토지와 곡식을 다루는 신에게 제를 올렸던 사직동 즉, 전통과 근대 사이의 전이지대라는 입지적 요건만큼이나 격랑의 틈바구니에서 유유히 서 있는 정자를 보면, 쓰임이라는 것이 얼마나 중요한지를 생각하게 한다. 정낙교는 그가 가진 재산으로 구휼 사업과 민족자본의 싱장에 일익을 담당하면서 한편으로는 일제와의 관계에도 일정한 관리를 했던 것으로 보인다. 양파정으로 촉발된 다양한 네트워크, 곧 그의 벗들중에는 친일 인명사전에 오른 이들도 보이고, 외손들은 추앙받는 음악가가 되었으며, 소년운동과 학생운동의 처소역할도 상기해 볼 필요가 있다.

여행팁

사직공원으로 오르는 길 양림파출소 옆에 한 기타리스트의 조각상이 있다. 그 옆으로 오르면 양파정이 나타난다. 언덕에 자리해 조망이 시원스레 열려 있다. 광주 시내의 풍경이 눈앞에 펼쳐지고, 광주천의 물길도 들어온다. 대리석으로 된 내부는 앉기가 옹색하여 기둥에 기대어 풍경과 인물을 떠올려 보자. 주변 감상이 끝나면 걸음을 옮겨 사직공원 사직단과 사직전망타워에 들러도 좋겠다. 그곳에 서면 100여 년 전의 세계와 오늘의 현실이 자연스럽게 오버랩 될 것이다. 통기타를 연주하는 사직골의 어느 술집에 들어가 향수에 젖거나 양림동의 '핫플'에서 시대의 트랜드를 만끽해 보는 것도 권할 만하다.

춘설헌春雪軒

춘설헌
春雪軒

무등산 산신령님 귀하

한줄기 꿋꿋한 폭포 산머리에 걸렸는데　一條健瀑掛山頭
세 칸 집을 두었나니 이것이 춘설루라　置屋三間是雪樓
저녁 바람에 나무꾼 노래 어지럽게 들리고　夕風亂聽樵歌樂
아침 안개에 새끼 사슴 노닒을 한가히 본다　朝霧閒看子鹿遊
새 찻잎 따느라 날이 가는 줄도 모르고　採所新茗忘逝日
좋은 나무 심은 지 시간 많이 흐르지 않았다　栽來佳木不多秋
알지 못하겠다, 왕유의 망천 별장에서　未知詩佛輞川墅
돌아온 구름이 서석산에 머문 것 아닐는지　等否歸雲瑞石留

– 허백련의 「춘설헌」 시

여기 한 노인이 있다. 넓은 이마와 백발의 머리카락, 흰 수염, 흰 한복에 대나무지팡이를 짚고 무등산 계곡 대나무 숲을 빠져나오고 있다. 흡사 도인 같은 풍채로, 어딘가를 응시하고 있는 노인. '신선인가?' 싶기에는, 그 눈빛이 지나치게 인간적이다. 이 신선 같은 풍모를 가진 노인은, 한국 남종문인화의 마지막 대가로 일컬어지는 의재(毅齋) 허백련(許百鍊, 1891~1977) 선생이다.

의재 허백련 선생

노년의 의재가 품고 있던 범상치 않은 외모는 재미있는 일화를 남기고 있다. 그의 평생지우였던 지운(芝雲) 김철수(金綴洙, 1893 ~1986) 선생은 늘 의재에게 편지를 보낼 때, 주소도 이름도 없이 무작정 '무등산 산신령님 귀하'라고만 적었단다. 그럼에도 어찌된 일인지 우편배달부는 한 치의 착오도 없이 의재에게 이 편지를 전달한다. 무등산 계곡에 살고 있던 자가 의재 혼자였던 것이 아닌 바에야, 어찌 이 이상한 수신처의 편지가 정확히 의재에게 전달되었을까?

당시 의재는 이미 지역의 큰 어른이었다. 그림으로 일가를 이룬 후, 무등산 계곡으로 들어가 차밭을 일구고, 소년들을 위한 학교를 세워 온 정념을 투여하고 있던 중이었다. 이름난 화가로서 일신의 영달을 취할 수 있었음에도, 그는 그 영달을 기꺼이 뒤로하고 자신만의 방법으로 시대와 지역에 기여하는 삶을 살아내고 있었다. 광

관풍대
춘설헌

주는 그의 삶에 존경과 신뢰로 답했다. 지역의 큰 어른으로서 말이다. 그래서 광주를 찾은 이들이 택시를 타고 "의재 선생님한테 갑시다."라는 말만 던지면, 기사들은 어김없이 무등산 계곡으로 차를 몰았다. 모든 이들이 어른 하나를 마음에 품고 있었던 그런 시절이었다. 오늘 우리는 그 어른을 만나러 무등산으로 간다.

그 터, 세 개의 이름

의재 여행은 학동삼거리부터 시작된다. 삼거리를 가르는 소공원에 의재의 동상이 무등산을 향해 앉아 있다. 죽어서도 잊지 못하는 듯, 자신 생전의 삶터를 바라보고 있다. 동상 앞에는 의재를 기리는 비문이 있다. 미당 서정주가 쓴 것이다. 의재는 수많은 예술가들과 교유하였거니와, 미당도 그중 한 명이었다.

의재로가 시작되는 소공원 옆길을 타고 가다 무등산 입구를 알리는 홍림교(일명 배고픈다리)를 만나면, 의재의 산수화를 닮은 풍경이 훅 들어온다. 요새는 아파트가 양쪽으로 밀집해 시선을 흐리지만, 의재가 살았을 무렵 이곳에서 바라본 무등산은 그 거대함으로 보는 이의 눈을 가득 채웠을 것이다. 길을 따라 4km 정도를 올라가면, 증심사 버스종점에 이른다. 의재는 이곳에서 우리를 기다리고 있다. 이제 '의재문화유적지' 권역으로 들어온 것이다.

증심사를 향해 조금 오르다 보면, 가장 먼저 만나는 것이 길 왼편에 있는 의재미술관이다. 2001년에 개관한 것으로, 아주 세련된 현대식 건축물이다. 전면을 둘러싼 푸른 나무들과 뒷산 사이에 마

증심사를 향해 오르다 가장 먼저 만나는 것이 길 왼편의 의재미술관이다.

관풍정

치 작은 능선처럼 들어앉아 있어, 주변과 한 몸 같은 풍경을 이루고 있다. 미술관엔 의재의 각 시기별 대표 작품과 유품이 전시되어 있다. 이 미술관 자리는 원래 의재가 세웠던 '광주농업기술고등학교'(이하 농업학교)가 있던 터였다. 미술관 뒤쪽으로는 의재와 농업학교 학생들이 춘설차를 만들어냈던 차밭(당시 삼애다원)이 드넓게 펼쳐져 있다. 총 면적 5만 평에, 차나무가 자라고 있는 면적은 3만 평이다. 무등산 한 자락을 점유한 광활한 차밭을 보고 있노라면, 세상 시름이 잊힐 만큼 상쾌해진다. 이곳을 내려와 다시 미술관 앞에 서면, 계곡물을 건너는 다리가 보일 것이다. 춘설헌(春雪軒), 문향정(聞香亭), 관풍대(觀風臺), 춘설차 실습장, 의재 묘소까지 반경 150m 안에 모두 찾아볼 수 있는 곳들로, 차밭이나 학교와

문향정

더불어 30여 년간 의재의 가열했던 삶이 전개되었던 장소들이다.

문향정은 원래 농업학교 실습용 축사였던 건물이다. 1990년대에 이 건물에 '춘설다헌'이란 이름의 찻집을 만들어 한동안 춘설차를 시음할 수 있었다. 지금은 현대식 패널로 개축되어 이도저도 아닌 상태가 되어 버렸다. 바로 아래쪽에 '춘설차 체험장'이란 이름을 달고 있는 건물은, 당시 찻잎을 가공하던 공장이었다. 학생들은 이곳에서 제다 과정을 실습했다. 건물 옆에 공장과 학교에 전기를 공급해주던 물레방아가 그대로 자리를 지키고 있다. 공장 아래에 관풍대가 있다. '관풍(觀風)'은 '시류를 본다'는 뜻으로, 의재가 지인들과 함께 차를 마시며 세상사를 논했던 장소다.

마지막, 지금까지 아껴둔 춘설헌으로 들어가 보자. 1층으로 된

오방정 기념비

춘설헌

소박한 집은, 무등산 두 갈래 계곡물이 한군데로 모아지는 합수처에 자리 잡았다. 의재는 집 아래를 흐르는 계곡물로 그림을 그리고 찻물을 끓였다. 주변에는 차나무, 호두나무, 은행나무 들이 울창한 숲을 이루고 있다. 모두 의재와 학생들이 손수 심었던 나무들이다. 사시사철 피워대는 꽃나무들은 김철수 선생이 시간 날 때마다 심어둔 것들이다. 계곡과 나무와 꽃들이 빚어내는 춘설헌의 이 아름다운 풍경을, 의재는 중국 절강성 소흥에 있는 난정(蘭亭)에 비유하곤 했다. 난정은 중국의 서성(書聖)으로 추앙받는 왕희지가 소흥의 유력인사들과 함께 유상곡수를 하며 시를 지은 곳으로 유명하다. 이때 함께 지은 시들을 모아 왕희지가 쓴 「난정기(蘭亭記)」는 천하제일의 행서로 평가되고 있다. 춘설헌의 풍경에 난정을 끌어온 것은, 아마도 왕희지를 닮고 싶은 의재의 마음과 경의를 담은 표현이라 할 수 있겠다.

본디 춘설헌은 방 2개에 마루가 있는 조그만 집이었는데, 의재를 찾는 손님들이 많아지면서 방을 늘려 나갔다고 한다. 이 집에서 그는 사망할 때까지 그림을 그리고, 차를 만들었으며, 손님을 맞아 얘기를 나누고, 미래 농업 일꾼들을 키워낸다. 현재 춘설헌은 1986년 12월 16일 광주광역시 기념물 제5호로 지정되어 보존하고 있다.

춘설헌 입구에는 이 집의 내력을 알 수 있는 낮은 돌비석 하나가 누워 있다. '오방정 기념비'로, 2010년에 광주YMCA가 세운 것이다. 이 비석 안엔 세 사람과 세 개의 집 이름이 나온다. 석아(石啞) 최원순(崔元淳), 오방(五放) 최흥종(崔興琮), 의재 허백련. 그리고

무등산 차밭과 차실습장(옛 차 공장)

석아정(石啞亭), 오방정(五放亭), 춘설헌이 그것이다. 짧은 비문 안에 이렇듯 이름들이 복잡하게 섞인 걸 보니, 집의 내력 또한 복잡한 듯하다. 춘설헌이 자리한 이 터는 원래 독립운동가이자 언론인이었던 최원순이 1930년대 들어 지은 '석아정'이 있던 곳이었다. 최원순의 사망 후, 최흥종이 거주하면서 '오방정'으로 이름이 바뀌었다가, 다시 1958년 허백련에게 넘겨져 '춘설헌'이란 명패를 달았다. 따져보면, 집터로만 90년이 다 되는 역사를 갖고 있는 것이다. 그래서 춘설헌을 위한 우리들의 여행은 세 사람의 시간을 찾아나가는 여행이 될 수밖에 없다. 그 첫들머리에 최원순이 자리하고 있다.

'입살과 혀에서는 불비가 쏟아지는 듯하매'

1921년 7월 16일 저녁 8시. 경운동 천도교당 주변에는 일경들의 경계가 삼엄하게 펼쳐진다. 입구에서는 기마를 탄 순사들이 늘어서 있고, 교당 안에도 재동파출소 순사들에 종로경찰서 경관들까지 들어와 있다. 오늘은 30만 경성 시민이 손꼽아 기다리던 '동경유학생학우회' 강연회가 있는 날이다. 한여름 더위에 비까지 내리고 있어 푹푹 찌는 데도, 이미 교당 안은 천여 명의 청중들로 꽉 차 있어 발 디딜 곳조차 없다.

이날 강연회 사회는 장덕수, 강연자는 김종필·민태원·이동제·최원순이다. 3명의 강연이 무사히 끝나고, 마지막으로 최원순이 단상에 올랐다. 그의 강연 주제는 '책임 관념의 도덕적 지위'였다. 현대 도덕의 근본은 오직 자유에 있다는 것, 자유라는 것은 스스로

제 몸을 다스릴 능력이 있는 자에게만 있다는 것이 연설의 요지였다. 만일 제 몸을 스스로 다스리지 못하면 자유가 없을 뿐 아니라 자유가 있어도 도로 남을 해칠 염려가 있으니, 당신이 자유를 얻고자 하면 먼저 남의 자유를 옹호하는 책임을 져야 한다고 소리쳤다. 조선인에게는 뼈아픈 각성을, 일본인들에게는 양심의 폐부를 찌르는 공격이었다. 교당 안을 쩌렁쩌렁 울리는 그의 목소리에 청중의 반응은 뜨거웠고 박수가 쏟아졌다. 그러자 이를 지켜보고 있던 종로경찰서 경무주임은 갑자기 최원순의 강연을 강제로 중단시킨다. 이대로 두었다가는 큰일이 벌어질 수도 있겠다는 위험을 감지한 것이다. 지난해 3·1운동에 대한 기억이 이들에게는 여전히 공포로 남아 있었다. 교당 안에서 강연 내용을 적어나가고 있었던 기자는 당시의 상황을 다음과 같이 전하고 있다.

> 말이 점점 가경에 들어갈수록 변사의 태도는 칼날을 들고 청중의 심장을 찌르는 듯하고 입살과 혀에서는 불비가 쏟아지는 듯하매, 급히 쏟아지는 박수가 뒤를 이어 일어났다. 이때 강연 시작할 때부터 한마디를 빼지 아니하고 필기하던 5~6인의 형사와 서슬이 푸르게 경계하던 경관은 입을 모으는 듯하더니 종로서 통도(桶渡) 경부는 돌연히 변사에게 중지를 명하였다. 이에 흥분된 청중은 한참 동안 박수를 끊지 아니하여 장내에는 살기가 충만하였으나 결국 사회자의 주의로 해산되었더라.
>
> —「천여의 청중, 화설의 열변」, 〈동아일보〉, 1921. 7. 18.

최원순은 명실상부 당대 최고의 연설가였다. 그의 언어는 청중의 심장을 찌르는 칼날이었고, 그 칼날을 담은 입과 혀는 가는 곳마다 불비를 쏟아냈다. 유학생 시절부터 시작된 그의 강연 경력은 조선에 돌아와서도 계속된다. 전국 곳곳에서 강연 요청이 쇄도했다. 요새로 치자면, 스타강사였던 셈이다. 45년이라는 짧은 생애, 최원순이 식민지 지식인으로 살면서 그 시대에 응전했던 방식은, 말과 글로 싸우는 것이었다.

1891년 광주에서 태어난 최원순은 광주공립보통학교를 거쳐 경성고등보통학교 사범과에 진학했다. 졸업을 한 달 앞두고 교내 항일사건으로 퇴학당하자, 1916년 만주로 넘어간다. 항일 무장투쟁을 위한 군사학교 설립에 힘을 보태 볼 생각이었다. 하지만 그조차 여의치 않아 다시 돌아온 후, 1918년 일본으로 건너가 와세다대학 정경과에 입학한다. 그의 항일활동이 전격적으로 빛을 발휘했던 순간은, 유학 이듬해 일어난 '2·8독립선언'이었다.

최원순이 대학을 입학한 1918년 말, 유학생들을 술렁이게 한 사건들이 잇따라 일어난다. 파리 만국평화회의에서 윌슨의 민족자결주의가 제창되고, 이 자리에 이승만과 민찬호 등이 조선독립을 제소코자 파견되었으며, 미국 교포들이 독립운동 자금을 모으고 있다는 소식이 연이어 들려온 것이다. 이에 고무된 김안식과 김현준, 최원순, 정광호 등이 모여 거족적 독립투쟁의 필요성에 대한 논의를 시작하는데, 유학생 망년회 자리에서 다시 조선독립문제가 거론되면서 '독립선언' 준비를 위한 임시대책위원회를 구성하는 데까지 이른다. 하지만 곧 이를 눈치챈 일경에 의해 대책위원들이 모두 체포되어 조사를 받게 되자, 유학생들은 감시를 피하기 위해 '조선청년독립단'을 발족시킨다. 이 독립단에 백관수, 최원순, 이광수, 최팔용, 김철수, 정광호 등 21명이 참여했다(이 중 정광호는 「2·8독립선언서」를 지니고 광주로 들어가 3·1 만세운동을 주도한 인물이다). 이광수가 작성한 선언문을 최원순과 정광호 등 10여 명이 광주 유학생 김희술의 하숙집에 모여 일주일에 걸쳐 등사해낸다. 그리고 이 선언문은 1919년 2월 8일 유학생 400명이 모인 자리에서 낭독된다. 이내 조선독립만세의 함성이 장내를 진동시키고, 이 집회를 주시하고 있던 일경들이 쳐들어와 난투 끝에 주모자 20여 명이 체포당한다. 이 자리에서 최원순도 체포되어 심한 고문을 받게 된다. 이들 중 9명은 재판에 회부, 복역한다.

석아 최원순 선생

1920년 동아일보사는 조선청년독립단 주도자들을 중심으로 강연단을 조직해 전국순회강연을 시작하는데, 최원순은 이 과정에서 웅변가로서의 면모를 가감 없이 발휘하며 존재감을 전국에 알리게 된다. 그는 1923년 대학을 졸업한 뒤, 바로 동아일보사에 입사, 정치부장과 광주지국장, 편집국장 대리 등을 역임하면서 말과 글로 항일의 삶을 전개시켜 나간다. 사실 이미 그의 필력은 유학 시절,

최원순, 현덕신 부부

이광수의 「민족개조론」에 대한 반론을 〈동아일보〉 지면(「이춘원에게 問하노라」, 1922. 6. 3.~4.)에 실으면서 증명된 터였다. 1926년에는 필화사건으로 투옥되기도 한다. 총독정치를 '악당 보호정치'라고 비판한 것이 문제되었다. 이 일로 징역 3개월을 살았다.

아마도 이즈음이었던 듯싶다. 강연장에서는 사자후를 토하고, 서슬 퍼런 글발을 날리던 그의 몸이 무너지기 시작한 것이다. 잦은 투옥과 고문의 여파로 폐결핵이 심해지고 있었던 최원순은 결국 1928년 5월 동아일보사를 사직하고 광주에 내려온다. 하지만, 이런 몸에도 불구, 광주에서 그는 최흥종 목사와 함께 계유구락부(癸酉俱樂部)를 결성해 계몽운동과 빈민구제 활동을 주도해나간다. 그가 가진 열정의 크기가 커갈수록 건강은 더욱 악화되어 갔다. 의사였던 그의 부인 현덕신은 남편의 요양을 위해 무등산 계곡 자락에 자그마한 집 하나를 짓는다. 이름은 최원순의 아호를 따, '석아정(石啞亭)'이라 붙였다. 이곳에서 한동안 요양하던 최원순은 건강이 더 이상 손을 쓸 수가 없는 상태가 되자, 이 집을 친족 형이자 동지이기도 했던 최흥종 목사에게 넘긴다. 그리고 1936년 7월, 누문동 자택에서 격동의 짧은 생을 마감한다.

오방(五放), 다섯 가지를 버리다

본인을 사망자로 간주하시고 우인(友人) 명부에서 삭제하여 주시기를 복망하나이다. 가정에 대하여 오만한 자, 사회에 대한 방일자(放逸者), 사업에 대하여 방종자, 국사(國事)에 대하여 방기자(放棄者), 종교에 대하여 방랑자, 소위 오방(五放)을 제창하면서도 명실이 불합한 가면극이 왕왕 연출되어 양심상 사이비한 생활을 절실히 참회하고 무익한 죄인이 세사에 관여하는 것은 유익보다 폐해가 더 될 것을 각오하므로 (중략) 인간사회에 무용의 일종 폐물이오니 자금(自今) 이후로는 사망자로 인정하시고 모든 관계와 통신을 단절하여 주심을 통고하나이다. 1937년 1월 오방 최흥종 근고(謹告).

1937년 정월, 57세를 맞이하는 한 중년 사내가 자신의 부고장을 지인들에게 날린다. 오늘부터 자기는 죽었으니, 다시는 찾지 말라는 내용이다. 멀쩡히 살아 있는 자를 죽은 셈 치라니, 지인들에겐 날벼락 같은 소리였다. 이 황당한 부고장의 주인은, 빈민과 걸인들 그리고 나환자들의 아버지라 불리는 오방 최흥종 목사이다.

최흥종은 1880년에 광주에서 태어났다. 본명은 '영종(泳琮)'이었다. 장터에서 주먹깨나 쓰던 질풍노도의 사춘기를 거친 뒤, 25세(1905년)에 광주군 경무청의 순검(巡檢)이 되었다. 순검 시절, 그가 붙잡힌 의병들을 몰래 풀어줬다는 유명한 일화가 전하기도 한다. 비록 순검 생활을 하고 있었지만, 그가 항일의식을 갖고 있었음을 보여주는 대목이다. 그래서인지, 순검직도 곧 그만두고 만다. 국채보상운동이 전개되던 1907년, 그의 상관이 광주국채보상운동기성회의 간판을 떼어오라고 명령하자, 고민 끝에 사직서를 제출해 버린 것이다. 그리고 곧바로 세례를 받고, '흥종(興琮)'으로 개명한다. 이후 광주농공은행에 취직하지만, 이 또한 몇 개월 지나지 않아 그만둔다. 아마도 은행에 채무를 가진 조선인들의 토지가 불합리하게 수용당하는 모습을 더 이상 지켜볼 수가 없었던 듯하다. 은행을 그만둔 직후, 광주의 선교진료소 의사였던 윌슨(Robert M. Wilson, 우월순)의 어학 선생이자 조수로 취직한다. 그리고 최흥종은 이곳에서 그의 인생을 송두리째 바꿔놓게 될 하나의 장면을 만나게 된다.

1908년 초하, 그날도 윌슨에게 한국어를 가르치고 정오쯤 집에 가려고 나오던 참이었다. 한 서양인이 여성 나환자를 부축해 말에서 내리고 있었다. 환자의 상태는 말이 아니었다. 일그러진 얼굴, 두 개밖에 남지 않은 손가락, 수년은 씻지 않은 듯 냄새나는 몸과 더러운 누더기 같은 옷. 차마 눈 뜨고는 볼 수 없을 정도로 처참했다. 이 환자를 자신의 말에 태우고 온 서양인은 최흥종도 잘 알고 있던 의료 선교사 포사이트(Wiley H. Forsythe)였다. 둘이 인사를 나누던 중, 나환자가 지팡이를 떨어뜨렸다. 포사이트는 최흥종에게 지팡이를 집어줄 것을 요청했다. 그러나 최흥종은 도저히 집어줄 엄두가 나지 않았다. 고름인지 핏물인지 분간이 안 가는 더러운 신물이 묻어 있었던 것이다. 그 순간이었다. 망설임의 찰나, 신앙인으로서의 자책감이 최흥종의 마음을 가격했다. 격심한 부끄러움과 함께 가슴 속 저 밑바닥부터 올라오는 어떤 뜨거운 힘이 그의 마음을 흔드는 것을 느끼면서, 그는 지팡이를 집어 여성에게 건넨다. 최흥종에게 신앙적 깨달음을 준 이날의 사건은, 이후 그의 삶을 결정적으로 전환시키게 된다.

오방 최흥종 목사

포사이트가 여성 나환자를 치료하고 있다는 소문이 퍼지자, 순식간에 나환자들이 양림동 제중원으로 밀려들기 시작했다. 그러자 이들을 위한 병원이 필요해졌다. 이때 최흥종은 자신이 소유하고 있던 봉선동 토지 1,000평을 병원 부지로 내놓고, 이곳 나병원에서 그는 윌슨 의사의 조수이자 한국인 책임자가 되어 나환자들을 돌보게 된다. 나환자들의 돌봄에서 시작된 그의 활동은 곧 사회의 낮은 자들에 대한 관심으로 확대된다. 1919년 서울에서 3·1만세

시위에 참여했다가 체포되어 1920년 6월 출소하는데, 이때부터 그는 조선노동공제회 광주지회장(1920년), 광주소작인회연합회 대표(1923년), 무산아동을 위한 단기학교 총장(1924년)을 연이어 맡으면서 노동·농민·교육 운동에 투신한다. 이 활동들은 평양신학교를 졸업해 목사로 부임했던 시기에 이루어졌다. 당시 광주에서 벌어졌던 각종 사회운동 조직에 최흥종의 이름이 빠짐없이 등장할 만큼, 이 시기 그는 식민지 광주의 모든 짐을 온전히 감당해냈다.

1927년 신간회 광주지회 회장을 지낸 뒤, 그는 제주로 들어가 한동안 목회에만 전념하는 시간을 갖지만, 1931년 다시 나환자들의 호출을 받는다. 나환자들은 넘쳐나는데, 이들을 수용할 수 있는 병원도 부족하거니와, 기존의 병원들도 예산을 감당하지 못해 있는 환자들마저 내보내야 할 형편이었던 것이다. 뭔가 근본적인 대책이 필요했다. 최흥종은 '조선나병환자구제회'를 설립하고, 서울로 올라가 전국적 단위의 모금운동을 시작한다. 그러나 결과는 신통치 않았다. 최흥종의 마음도 같이 무너졌다. 결국 아무런 성과 없이 1932년 6월, 그는 서울의 나환자 30여 명을 데리고 여수 애양원으로 내려간다.

그가 스스로 '오방(五放)'이란 아호를 붙인 것도 이즈음이었다. 가정에도, 사회에도, 경제에도, 정치에도, 종교적 종파에도 묶이지 않겠다는, 스스로에 대한 약속이었다. 또한 신과 자신의 관계에만 집중하겠다는 약속이기도 했다. 이 약속에 대한 실천은 빈민운동으로 이어진다. 1932년 광주천변에서 쫓겨난 토막민들을 위해 '궁

민구제연구회'를 만들어 반년 이상의 투쟁을 통해 거처를 마련해주고, 1933년 계유구락부를 조직해 빈민구제 활동을 본격적으로 전개해 나간다. 그가 버린 것은 세속이 아니라, 세속의 욕망이었다. 때문에 그는 더욱더 세속의 낮은 곳으로 내려갔던 것이다.

세속의 모든 욕심과 단절하겠다는 그의 의지는 급기야 1935년 9월, 자신의 몸에 극단적 처방을 내리는 데까지 나아간다. 거세를 단행한 것이다. 누가 봐도 엽기적이었던 이 행위는 광주사회를 발칵 뒤집어놓지만, 육신이 정욕의 근원이라 생각했던 최흥종의 평소 지론을 생각하면 이해 못할 바도 아니었다. 어떻게 해서라도 욕망의 껍데기를 벗겨내고 싶었던 절절함이 먼저 다가왔다. 그런데 이조차 최흥종에게는 성에 안 찼던 듯싶다. 그는 당시 맡고 있던 광주중앙교회 담임목사직과 YMCA 회장직을 동시에 사임한 뒤, 주변에 '사망통지서'를 돌린다. 벗어버리고자 했으나, 여전히 자신의 몸을 묶고 있는 끈들은, 죽음이 아니고서는 어떻게 해 볼 도리가 없다고 판단했던 것 같다. 그리고 그는 담양 추월산을 거쳐 무등산으로 들어가 기나긴 칩거의 시간을 보낸다.

최흥종의 무등산 칩거는 무려 8년 가까이 지속된다. 그간 하루를 10년처럼 치열하게 살았던 그의 삶을 생각하면, 엄청난 침묵의 시간이었다. 그의 침묵이 깨진 것은 1945년 8월 해방을 맞으면서부터다. 8월 17일 건국준비위원회 전남도지부 위원장으로 선출되면서 다시 활동을 시작한다. 하지만 늘 낮은 곳으로 향하던 그의 마음이 진정으로 다시 깨어나기 시작한 것은, 어느 날 의재 허백련이

휘적휘적 무등산 계곡으로 들어오면서부터이다.

말이 어눌한 자가 '仁'에 가까우니

현재 춘설헌을 중심으로 한 주변 곳곳이 한데 묶여 '의재문화유적지'라는 이름을 얻게 된 것은, 바로 오방과 의재의 만남에서 출발한다. 이 만남이 없었다면, 어쩌면 우리는 전혀 다른 이곳의 풍경, 그리고 전혀 다른 노년의 의재를 만나게 됐을 수도 있다. 그만큼 춘설헌을 이해하는 데, 오방과 의재의 만남은 결정적 단초가 된다.

의재가 1891년에 태어났으니, 최흥종보다 11살 아래 동생이다. 진도 남동리에서 부친 동언(京彦)과 모친 박동에 사이에 4남 2녀 중 장남으로 출생했다. 본명은 행민(行敏)이고, 아명은 장수하라는 뜻에서 백년(百年)으로 불렀다 한다. 진도의 양천허씨 문중은, 한국 남종화의 대가로 알려진 소치(小癡) 허련(許鍊)을 비롯해 미산(米山) 허형(許瀅), 남농(南農) 허건(許楗), 임인(林人) 허림(許林), 의재 허백련 등, 5대에 걸쳐 13명의 화가들을 배출한 쟁쟁한 집안이다. 소치는 의재의 종고조(從高祖)가 된다. 이런 집안의 문화유전자를 가졌으니, 어쩌면 의재의 운명은 애초부터 정해져 있었는지도 모르겠다.

의재의 소년 시절은 2명의 걸출한 스승을 만나는 것으로 시작된다. 무정(茂亭) 정만조(鄭萬朝)와 미산 허형이 그들이다. 무정은 정낙교의 양파정에 차운을 남기기도 했던 사람으로, 당대의 대학자였다. 1896년 을미사변(1895년)에 연루된 혐의로 진도 금갑도에서 유배 생활을 하고 있었는데, 그의 학식을 아깝게 생각하던 미산이 진도군수에게 청을 넣어 가까이 불러들여 아이들을 가르치게 했다. 이때 무정이 연 서당인 '자유당'에서 의재가 공부를 시작한 것이다. 1898년, 의재 7살에 시작된 이 공부는 무정의 유배가 풀려 진도를 떠난 1908년까지 계속된다.

공부 시절, 무정은 의재에게 선물 하나를 남긴다. '백년'을 '백련(百鍊)'으로 고쳐 부르게 하고, '의재(毅齋)'라는 호를 내린 것이다. '의(毅)'는 논어의 "의지가 굳고 용기가 있으며 소박하고 말은 서툴러 입이 무거운 사가 '仁'에 가깝나(剛毅木訥近仁)."에서 따온 것이다. 의재는 어렸을 때부터 말을 더듬어 동네 아이들에게 놀림을 받았거니와, 이 때문에 말수가 적었던 아이였다. 사실, 말더듬은 이후에도 의재를 상당 기간 동안 괴롭혔던 콤플렉스이기도 했다. 이를 예측이라도 한 듯, 무정이 내린 '의재'라는 호는, 영민했던 제자를 위해 결코 기죽지 말고 당당히 살 것을 요구했던 스승의 사랑이었다.

10년간의 공부는, 이후 의재가 5백여 편이 넘는 옛 시와 성현의 말을 외어 품고 있다가 그림과 맞는 시를 언제든 자유자재로 꺼내어 쓰는 원동력이 된다. 무정에게서 한학과 시를 공부했다면, 족숙(族叔) 미산에게서는 그림을 배운다. 11세 때부터 시작한 그림은 온 동네 사람들의 벽을 도배할 정도로 호평이 자자했지만, 이때까지만 해도 그에게 그림은 단순한 취미 이상은 아니었던 것 같다. 그의 머릿속에는 '시와 법률'을 공부하라던 무정의 말이 꽉 차 있었기 때문이다.

무정이 떠난 후 1년여를 하릴없이 지내다가, 의재는 1910년 정월에 서울로 올라간다. 갈 데는 한 곳밖에 없었다. 스승 무정의 집이다. 오랜 유배 생활로 가세가 기울대로 기울어진 상태였지만, 무정은 의재를 기꺼이 받아들였다. 의재는 이 집에서 생활하며, 기호학교(畿湖學校)에 진학한다. 마침 무정 또한 이 학교에서 독서와 작문을 가르치고 있었다. 학교는 다녔지만, 이 당시 의재의 관심사는 서서히 그림으로 기울어지고 있었다. 그해에 창립된 '경성서화미술원'과 '서화대전람회'에 매일 출근하다시피 하면서 그림을 구경했다. 그러나 이도 잠시, 서울 생활은 1년도 못 채우고 끝나고 만다. 한일병합 직후의 혼란스러움과 경제적 어려움이 겹치면서 학업을 더 이상 지탱할 수가 없었다. 다시 고향으로 내려온 그는 미산이 있던 운림산방에서 한동안 서화공부에 몰두한다. 이때가 소치와 미산의 그림을 집중적으로 공부하던 시기다.

하지만, 그림 공부를 하면서도 법률 공부를 강조했던 스승의 말씀이 여전히 머릿속을 떠나지 않았다. 마침내, 오랜 숙원을 풀 듯 그는 1912년 봄, 일본으로 건너가 리츠메이칸(立命館)대학 법률학과에 입학한다. 학교는 입학했지만, 그의 말더듬은 여기서도 끝내 발목을 잡고 만다. 말더듬 때문에 친구도 사귀지 못하고 학업 생활에도 적응하지 못했던 것이다. 이를 지켜보던 일본인 교수가 도쿄에 있는 언어교정소를 소개해주었고, 의재는 공부를 중단하고 도쿄로 가 교정치료를 받는다. 이 당시 집안에서 제대로 지원을 받지 못했던 의재는 동경유학생들의 도움을 받으면서 생활하게 되는데, 이때 만났던 인촌(仁村) 김성수(金性洙), 고하(古下) 송진우(宋鎭禹), 지운(芝雲) 김철수(金綴洙) 등은 평생의 지우가 된다. 김성수의 권유로 의재는 메이지대학 법학과에서 청강생으로 수업을 받기도 하지만, 경제적 형편이 더 어려워지면서 이조차 곧 중단된다. 오랫동안 품어왔던 꿈이 좌절되면서 절망에 빠졌다. 한동안 속수무책으로 절망의 시간을 보내던 그때, 까맣게 잊고 있었던 기억이 갑자기 떠올랐다. 그림이었다. 왜 그림을 그동안 잊고 있었을까. 자신도 이해할 수 없었다. 의재는 곧바로 화구를 챙겨 들었다. 1915년, 화가 의재 허백련의 출발이다.

무등산 은자(隱者)들의 만남

그림을 그려야겠다고 작정한 후, 그가 매일 찾은 곳은 제실박물관(현 도쿄국립박물관)이었다. 의재는 이곳에서 온종일 대가들의 그림을 보며, 자신의 눈 안에 기억의 창고를 만들어 빠짐없이 그림들을 집어넣었다. 그리곤 집에 돌아와 기억을 더듬으며, 따라 그리기를 반복하고 또 반복했다. 의재는 이 시절을 회고하면서 "아마 시선도 구멍을 뚫을 수 있다면, 그때 제실박물관에 있는 그림은 모두 구멍이 났을 거야."라고 했을 만큼, 대가들을 모방하며 치열하게 그려댔다. 그러다 본격적인 화업(画業)을 위해 고무로 스이운(小室翠雲)을 찾아간다. 그는 일본 남종화의 대가였다. 의재가 대성할 가능성을 알아본 고무로는 그를 제자로 받아들이고, 의재는 그의 문하에서 체계적인 그림 공부를 해나간다. 이후 의재의 그림이 일본인들 사이에 알려지면서 전시회도 열고, 그림도 팔리기 시작한다. 이렇듯 한참 화가로서의 발돋움을 할 무렵인 1918년 겨울, 부친이 위독하다는 소식이 들려온다.

귀국 후 의재는 고향에서 한동안 머물다 광주와 목포를 오가며 전시회를 갖는 등 국내 활동을 시작한다. 이때 의재는 도쿄에서 인연을 맺었던 오랜 벗들과 조우한다. 김성수와 송진우이다. 그들과의 해후는 화가로서의 의재가 조선에 안정적으로 정착하는 데 결정적인 계기가 된다. 의재는 1922년 열린 제1회 조선미술전람회(鮮展)에서 출품한 작품 2점이 모두 수상을 하는 영예를 얻게 되는데, 이 전람회에 출품을 권유했던 벗이 김성수이다. 김성수와 송진우는 의재가 전시회를 지속적으로 개최하게끔 물심양면으로 지원을 아끼지 않았다. 벗들의 후원에 힘입어 의재는 조선 화단에 이름을 날리면서 전국을 돌며 전시회를 갖고 작품도 매진되는 등 화가로서 탄탄한 입지를 만들어 나간다. 선전에도 매년 출품해 입선, 특선 등을 거듭해 수상한다.

그림이 깊어질수록 그의 방랑벽도 깊어졌다. 금강산, 일본, 중국, 전국 방방곡곡을 돌며 그림을 그리고 전시회를 열고 사람을 만났다. 이 끝나지 않을 것 같았던 그림방랑이 멈춘 것은 1937년 즈음이었던 듯하다. 어느새 의재의 나이 46세가 되던 해이다. 당시 광주에서 작품활동을 하고 있던 그는 이즈음에 광주에 정착하기로 마음먹는다. 딱히 고향도 아닌 광주에 정착한 이유는, “그림을 아는 이들이 많아서”였다. 당시 광주는 의재라는 화단의 거목을 품을 만큼 예술적 토양이 풍부한, 그런 곳이었다. 그런 광주에 의재가 몸을 풀었다는 소식이 전해지자, 기다렸다는 듯이 사람들이 몰리기 시작했다. 그림을 배우러 온 사람, 그림을 좋아하는 사람들이 모였다. 이들이 모여 만든 조직이 '연진회(鍊眞會)'이다.

'연진(鍊眞)'은 말 그대로 '참됨을 연마한다'는 뜻이다. 연진회는 의재를 중심으로 정운면, 구철우, 허행면, 정상호, 노형규, 노주봉 등이 모여 1938년(1월 16일)에 창립했다. 초기에는 서화를 통해 서로 친목을 도모하는 동호회의 성격이 강했지만, 뒤로 갈수록 화단에 후진들을 배출하면서 남도화단 형성의 기반이 된다. 1940년에는 금동시장 자리에 연진회 회관을 세워, 제자들이 기숙하면서 그림을 배우도록 했다. 이렇게 몇 년 동안 제자 양성에 재미를 붙여가며 그림 가르치기에 빠져 있던 중, 의재는 1944년 부친의 부음을 듣게 된다. 고향으로 내려가 상을 치르고, 병든 모친을 봉양하지만 어머니마저 돌아가신다.

의재가 다시 광주로 돌아온 것은 1945년 해방을 맞이하면서이다. 9월에 올라온 광주의 상황은 부산스럽고 어수선했다. 해방과 동시에 새로운 국가체제를 준비하기 위해 여러 방면의 조직들이 만들어지고 있었다. 조선건국준비위원회의 등장과 더불어 전국 각 지역에 민중자치기구로 인민위원회가 결성되고 있었다. 예술인들 중심으로는 조선문화건설중앙협의회가 조직되고, 의재는 협의회 산하에 설치된 조선미술건설본부의 중앙위원으로 추대되었다. 그러나 이미 의재는 이 모든 상황이 혼란스럽기만 했다. 그가 온 열

'석아정'이 언제부터 '오방정'이라 불렸는지는 확실하지 않지만 의재는 이곳을 새로 꾸며 '춘설헌'이라 이름 붙였다.

정을 쏟아가며 제자를 길러냈던 연진회 건물이 광주지역 인민위원회 사무실로 넘어간 것이다. 결국, 의재는 모든 것을 접고 무등산으로 들어간다. 그곳에는 8년 전, 역시 모든 것을 접고 먼저 들어와 있던 오방 최흥종이 있었다.

삼애(三愛)정신, 그리고 두 남자의 의기투합

의재는 무등산 증심사 승방 하나를 얻어 짐을 풀었다. 그즈음 최흥종은 소나무 잎과 찹쌀로 생식을 하며 최원순에게서 물려받은 석아정에 머물고 있었다. 최흥종이 머물던 석아정이 언제부터 오방정으로 불렸는지는 확실치 않다. '오방정'의 현판을 의재가 썼던 것을 고려하면, 둘이 만난 해방 후였을 수도 있고, 그 이전부터 이름만 갖고 있다가 의재와의 만남 후에 현판이 만들어졌을 수도 있다. 어찌됐든 무등산에서 둘의 만남은 우리에게 또 하나의 역사를 선물해준 계기가 된다.

현재 우리가 흔히 기억하는 의재의 모습은 '남종화의 마지막 거목'이나 춘설차를 만들어낸 다인(茶人) 정도이다. 의외로 그가 말년 내내 학교를 세우고 교육운동에 투신했다는 사실을 알고 있는 이는 드물다. 물론 그동안 의재가 살아왔던 삶을 생각하면 교육운동가로서의 면모를 짐작하기 힘든 것도 사실이다. 어쩌면 무등산에 들어오기 전까지 의재 자신도 그의 삶이 이런 방향으로 흘러가리라고는 생각지 못했을 것이다. 이런 방향 전환을 추동시킨 자가 바로 최흥종이었다. 그는 덴마크를 농업국가로 부흥시킨 그룬트비

(Nikolai F. S. Grundtvig)의 삼애(愛神·愛隣·愛土)를 의재에게 전하며, 한국도 농업을 발전시켜야만 생존할 수 있다고 강설했던 것 같다. 식민지 시기 온갖 수탈을 겪으면서 피폐해진 나라살림에 매년 보릿고개를 넘으며 끼니 걱정을 했던 시절이니, 농촌 발전이 곧 국가 부흥의 길이라 생각했던 것은 당연한 일이었을 것이다. 농촌이 발전하기 위해서는 근대적 농법을 배운 인재들을 길러내는 방법밖에 없었다. 둘은 곧 그런 농촌지도자들을 키워내는 학교를 만들기로 의기투합했다. 이렇게 만들어진 것이 1947년 4월 개교한 '광주국민고등학교(삼애학원)'이다. '국민고등학교'는 그룬트비의 영향을 받아 덴마크에서 근로청년들을 대상으로 만든 사회교육시설로, 그 이름을 그대로 따온 것으로 보인다.

처음에는 교사(校舍)가 없어, 증심사 극락전에 임시 개교를 할 정도로 어설프긴 했으나 학생들이 20여 명이나 몰려 들어왔다. 초대 교장은 최흥종이, 부교장은 의재가 맡았다. 교사로는 김천배(당시 YMCA 총무), 홍석은(숭실 전문대학 농과 출신)이 있었다. 이때 교장은 최흥종이 맡긴 했으나 사실상 학교 운영은 의재의 몫이 되었다. 이듬해(1948년)에 의재가 사재를 털어 현재 의재미술관이 있던 자리로 학교를 옮겼다. 당시 이 자리엔 춘목암 별장이 있었다. 춘목암은 광주 시내에 있던 유명한 식당으로, 영업이 번창해지면서 무등산 입구에 별장을 세웠는데, 그 자리가 지금 의재미술관이 있는 터이다. 이 별장을 인수해 학교를 이전하고, 본격적인 수업을 시작했다. 의재의 인맥으로 국내 명사들이 찾아와 학생들의 사기를 올려주기도 했다. 그러나 국민고등학교는 1949년 1기 졸업생을 내보내고 더 이상 학교운영을 하지 못하게 된다. 한국전쟁이 터진 것이다.

전쟁이 끝나고 학교로 돌아와 보니, 아수라장이었다. 건물은 기울어지고, 누군가 꽃나무를 캐가느라 석축은 허물어져 있었다. 의재의 금강산 사생화첩과 그간 모아놓은 고서화도 모두 없어진 상태였다. 무너지는 마음을 붙잡고, 제자들과 함께 학교 모양을 그런대로 만들어낸 뒤, 1953년에 새로운 이름으로 개교를 한다. '광주농업고등기술학교'로, 문교부의 정식인가를 받아 설립했다.

여기저기 소문도 내고 '무상교육하는 작은 학교'라는 신문기사도 실어놓으니, 전국에서 학생들이 모이기 시작했다. 거의 모두가 가정 형편 때문에 상급학교 진학을 하지 못한 어린 소년들이었다. 전쟁 직후, 어려운 시절에 학비도 기숙사도 무료였으니 소년들에게는 한줄기 빛이 쏟아지는 심정이었을 것이다. 광주역(당시 대인동)에서 내려 학동 배고픈다리를 지나 먼지 들썩이는 자갈길 십 리를 걸어야 학교에 도착할 수 있었다. 배움에 대한 열망 하나만으로도 이 거친 길이 하냥 즐거웠을 것이었다. 아픈 어머니, 어린 동생들, 무너지는 집안 등등. 이런저런 사연을 안고 온 소년들이 매년 15명에서 20명 남짓이었다. 여기에 비슷한 이유로 학업을 놓친 만학도들도 끼어 있었다.

지극한 정성은 쉼이 없으니

새벽 6시. 아직 어둠이 깔려 있는 시간, 무등산 계곡 안자락을 흔드는 기상 종소리가 울려 퍼진다. 의재는 이미 춘설헌 화실에서 내를 건너와 학생들을 기다리고 있다. 단잠을 깨고 나온 학생들이 삼애당 앞마당에 모이자, 국민보건체조가 시작된다. 30분 정도 몸을 풀고 나면, 학생들은 각자 책임을 맡은 우사도 살피고 청소, 식사 준비에 돌입한다. 의재도 역시 학생들과 함께 돈사의 두엄을 치우거나 사료를 주는 등 분주하다. 아침식사는 8시이다. 밥상에 앉아 민저 '싱공의 요결'을 암송한다.

> 지극한 정성은 쉼이 없고, 쉼이 없기 때문에 영원하게 되며, 영원하기 때문에 어떤 징험이 나타나며, 징후가 보이면 유원해지고, 유원하면 넓고 두터워지고, 넓고 두터워지면 높고 밝아진다(故至誠無息 不息則久 久則徵 徵則悠遠 悠遠則博厚 博厚則高明).
>
> – 『중용(中庸)』 4편 7장. 성(誠)과 중용(中庸)

『중용』 4편은 광주농업고등기술학교에서 식사시간마다 큰 소리로 외쳐졌던 글귀로, '성공의 요결'이라 불렸다. 모든 일에 정성을 다해 정진하라는 것, 쉼이 없이 노력하고 땀을 흘려야 소망을 성취할 수 있다는 것이, 의재가 생각한 농민정신의 바탕이었다. 아침식사가 끝나면, 의재가 주관하는 조회가 열린다. 이 시간엔 의재가 사서오경의 글귀를 칠판에 적어 설명하면서 학생들의 정신적 교양을 쌓

게 했다. 교실 안엔 좌우로 액자 2개가 걸려 있다. 왼편엔, '충신(忠信)·경신(敬身)·근로(勤勞)'라는 훈목(訓目, 인간자세에 대한 가르침의 목표)이 걸려 있다. 오른편 액자에는 종지(宗旨, 근본이 되는 뜻)로, '애천(愛天)·애토(愛土)·애가(愛家)'가 걸렸다. 학교의 종지인 삼애정신은 하늘과 사람과 땅, 즉 '천·지·인'이 분리된 것이 아니라, 우주라는 하나의 본체에서 시작된 것이라 보는 의재의 자연철학사상을 담고 있다. 이렇듯 서로 맞물려 있는 것이니, 어떤 것 하나라도 허투루 해서는 안 된다는 순환적 세계관이, 삼애정신이었다.

하루 수업은 크게 오전의 이론수업과 오후의 실습으로 진행된다. 특히 이론수업엔 농촌진흥원 전문가들과 전남대 농대 교수들의 특강이 많았다. 의재는 한문과 역사를 가르쳤다. 오후엔 가축관리, 작물, 과수, 녹차재배, 차 가공 등 노작교육이 진행되었다. 비가 오는 날이면, 실습 대신 의재의 붓글씨 수업이 이루어진다. 저녁식사를 마치고 난 뒤에는 '윤강(輪講)'이 시작된다. 학생들이 자신이 연구하고 있는 주제에 대해, 교사들과 학생들 앞에서 발표를 하는 시간이다. 이 시간이 끝나면, 마지막으로 10시 정도에 반성 시간을 갖는다. 명상을 통해 하루 동안 자신의 행동에 과오가 없었는지를 검토하고, 내일 계획을 설계하는 시간이다. 그리고 취침에 들어간다.

의재는 아침체조부터 반성시간까지 모든 과정을 학생들과 함께 했다. 때로 일과가 너무 늦을 때면, 연로한 몸으로 학생들과 함께 기숙사에서 잠을 청하기도 했다. 의재에게나 학생들에게나 강도 높은 이 일과는, 개교 때부터 폐교될 때까지 24년 동안 변함없이 지속되었다. 1년 과정을 마치고 나면, 졸업생들은 현장으로 들어가거나, 상급학교로 진학하거나, 혹은 1년을 더 공부하는 연구과정에 들어간다. 연구과정은 주로 조교역할을 하면서 의재에게서 『명심보감』, 『대학』, 『논어』, 『맹자』 등을 집중적으로 배운다. 이들에게 고문을 읽힌 것은 다른 것이 아니었다. 의재에게 농사란 먼저 사람다운 인격을 갖춰야만 행할 수 있는 신성한 것이었기 때문이었다. 1년차 학생이라도 졸업할 때까지는 반드시 『명심보감』과 『대학』을 독파하는 책임을 부여했던 것도 이런 연유에서였다.

정부의 지원도 없는데다 학생들에게서 식비만 일부 받을 뿐, 모든 것이 무료이다 보니, 결국 학교를 운영하는 모든 책임은 온전히 의재의 몫이었다. 매년 적자를 면할 수가 없었고, 폐교 위기도 몇 번이나 찾아왔다. 그럴 때마다 의재는 그림을 들고 저잣거리로 나갔다. 전시회를 열어 그림을 판 돈으로, 선생의 월급을 만들고 학생들을 가르치고 먹이고 재웠다. 이 당시 학교에 대한 의재의 집념은 광적일 정도였으며, 주위에서는 농업학교 대신 미술학교로 바꾸는 게 어떻겠느냐고 조언을 해도 그의 귀에는 들리지 않았다. 없는 살림에 힘든 가족들을 뒤로하고 어떻게든 배워보겠다고 모여든 아이들의 눈빛을 보면, 그런 조언을 듣는 시간조차 의재에게는 사치였다. 그렇게 30여 년을 아이들과 함께 보낸 농업학교는 의재 자신의 몸과 같은 것이었다. 이런 스승의 사랑 덕분인지, 졸업생들에게 학교는 한결같이 '가족공동체'로 기억되고 있다. 의재는 이들에게 스승이자, 부모이기도 했던 것이다. 이렇듯, 아주 특별했던 학교가 광주의 어느 시절엔가 무등산 계곡에 펼쳐지고 있었다.

춘설헌, 봄눈 내리는 자리

봄날이면, 춘설헌 주변엔 꽃 잔치가 열린다. 매화를 시작으로 홍동화, 배꽃은 물론 색색가지 철쭉꽃, 야생화들까지 온갖 꽃들이 화실을 둘러싼다. 이른 수업을 마친 의재는 봄꽃들을 헤치며 춘설헌으로 돌아와 찻물을 올린다. 계곡 바위에서 나오는 물이 맑으니 빛깔 또한 푸르스름하다. 뜨겁게 물을 끓여 찻물을 우려낸 후, 속기(俗氣)를 씻어내듯 차 한 잔을 마시며 마음을 가라앉혔다. 이 과정은 화필을 들기 전, 의재가 늘 행하던 의례 같은 것이었다. 그래야만 붓 끝이 깨끗해지는 느낌이 들었다. 창문을 열어 다원이 있는 곳을 바라보니, 더욱 마음이 풍족해진다. 그나마 오늘은 손님이 없어 호젓하게 그림에 집중할 수 있는 날이다.

의재가 머물던 춘설헌은 늘 손님들로 붐볐다. 기술학교 학생들과 연진회 제자들은 수시로 드나들었고, 광주를 찾는 유명인사들도 꼭 이곳에 들르기를 소망했으며, 차(茶)에 일가를 이룬 효당 스님을 비롯한 일군의 차꾼들이 정기적으로 의재를 찾았다. 때문에 춘설헌은 밤늦도록 얘기꽃이 피는 것이 일상이었다. 동양고전부터 시작해 역사, 문화, 교육, 정치와 경제 등 다양한 주제가 쏟아져 나왔고, 때로는 갑론을박의 토론장이 되기도 했다. 이런 토론판이 벌어질 때마다 의재는 좌장이 되기도 했고, 토론자나 발제자가 되었다가, 또 때로는 뒤로 물러나 빙긋이 웃으며 바라보기도 했다. 춘설헌은, 의재

의재가 머물던 춘설헌은 늘 손님들로 붐볐다.

춘설헌 화실 앞에서. 춘설헌은, 의재라는 존재가 있었기에 가능했던 지역의 살롱이었다.

라는 존재가 있었기에 가능했던 지역의 살롱이었다. 이 아름다운 벗들의 이야기판에 절대 빠지지 않은 것이 춘설차였다.

춘설차는 삼애다원에서 나온 차이다. 삼애다원 차밭은 원래 증심사의 소유로 수백 년간 내려오던 중 최상진(당시 광주면장)의 소유로 넘어갔다가, 한일병합 후 일본인이 인수했다고 한다. 이때 대규모로 확장해 '無等の里'라는 상표를 붙여 일본 및 동남아까지 수출할 정도로 유명세를 떨쳤다. 해방 후, 관리가 전혀 되지 않은 채 버려진 차밭에 마을 주민들이 차나무를 캐내고 밭을 만들어 채전(菜田)으로 사용하는 것을 보고, 애석히 여긴 의재가 적산관리처에서 불하받아 인수하게 된다. 마을 사람들과 실랑이를 벌이면서 무단 개간을 중단시키고 다시 정비한 것이 지금의 차밭이다. 의재는 이곳에 '삼애다원'이란 이름을 붙이고, 농업학교의 차 재배 실습장을 삼았다. 학생들이 차밭을 관리하고, 마을 아낙들이 찻잎을 따오면 무게에 따라 임금을 주었다. 학교 건물 안쪽에 차 공장을 짓고, 찻잎을 따는 것부터 말리고 끓이는 방법까지 의재 나름대로의 제다 및 행다법을 창안해냈다. 학생들은 전 과정을 의재와 함께 배워나갔다.

이곳 삼애다원에서 나온 차의 이름을 의재는 '춘설차'라 이름 붙였다. '춘설(春雪)'은 중국 남송시대 나대경(羅大經)이 지은 다시(茶詩)에서 가져온 것이다.

솔바람인 듯 전나무에 비 내리듯 끓기 시작하면　　松風檜雨到來初

서둘러 동병을 죽로에 옮겨 놓는다 急引銅甁移竹爐
물 끓는 소리에 내 마음마저 고요해진 뒤에 待得聲聞俱寂後
한 잔의 춘설차 맛은 제호보다 뛰어나다 一甌春雪勝醍醐

의재는 4월 말에서 5월 초 곡우(穀雨) 이후 5일간에 찻잎을 따는 것이 가장 적기라 했다. 이즈음이면 삼애다원 부근에 오동나무 꽃이 필 때이다. 무등산 기후로 보면 찻잎이 막 싹이 터서 부드러운 작설이 나올 시기다. 이렇게 나온 찻잎에 의재는 '춘설'이란 상표를 넣고 '일구춘설승제호(一甌春雪勝醍醐)'란 시구를 석판 인쇄해 붙여 차통을 만들었다. 하지만 이렇게 정성 들여 만들어낸 춘설차가 그리 잘 팔리지는 않았던 것 같다. 당시만 해도 차가 대중화되지 않은 시절이었다. 결국 의재 자신이 차 장수로 나섰다. 산수화 소품 대여섯 점을 그려 챙기고 차 50~60통을 함께 넣어 광주 시내로, 서울로 춘설차 홍보를 다녔다. 그림 값이 찻값보다 몇백 배는 되었으나, 춘설차 보급을 위해서라면 이마저도 의재에게는 문제되지 않을 만큼 차에 대한 그의 사랑은 높기만 했다.

의재에게 차는 도락(道樂)이 아닌, 마음을 닦는 통로였다. 그래서 마시는 행위 자체가 중요할 뿐, 지나치게 절차를 까다롭게 만드는 다법(茶法)은 오히려 본질과 멀어지게 하는 것이었다. "차 한 잔 마시고 싶으면 마시고, 또 마시고 싶으면 마시는 것이 다도"라는 것이 평소 그의 지론이었다. 여기에 "마음이 맞는 벗이라도 찾아와 함께 마실 때는 그 차는 의(義)가 되고, 정(情)이 되며 여유가 되어” 더욱 좋은 것이라 했다. 특히 자기 손으로 가꾸고 만든 차를 마시는 것은 그 무엇보다 값진 것이라 했다. 자신의 노동으로 정성을 다해 생명을 키우고 그 생명들로 다시 자기 몸을 살리는 것. 의재에게 차는 그런 생명의 순환, 우주의 원리를 가르치는 스승과 같은 것이었다. 땅과 사람과 하늘이 하나일 수 있다는 근본적 원리를 그는 차를 통해 깨달았던 것이다.

의재는 ‘춘설’이란 이름을 그가 거하는 집에도 붙였다. ‘춘설헌(春雪軒)’. 봄눈 내리는 자리. 주인처럼 아름다운 이름이다. 최흥종의 오방정을 넘겨받아 새로 단장을 하면서 붙인 이름이다. 이 당시 최흥종은 원효사 인근에서 결핵환자들 치료를 위해 ‘무등원’을 건립하고, 나주에는 나환자들 자활촌인 ‘호혜원’을 설립해 두 곳을 오가며 한참 바쁘게 지내던 터였다. 집은 받았지만 돈이 궁했던 때라 군부대에서 남은 건축자재를 후원 받아 개축한 뒤, 의재 내외가 살림집을 삼았다고 한다. 석아정부터 오방정을 거쳐 춘설헌까지, 의재가 세 번째이자 마지막 주인인 셈이다. 이곳에서 의재는 자신을 닮은 묵향과 차향, 여기에 사람 향을 더하며 자신의 삶을 완성시켜 나갔다.

아직 한 장도 못 그렸다

나는 올해 여든여덟 살이다. 남보다 더 많이 살았고 남보다 더 많이 그렸다. 그러나 요 몇 해 동안은 줄곧 건강이 나빠져서 그림

“내 한평생이 춘설차만큼 향기로웠던가.”

을 그릴 수가 없었다. 나를 따르던 제자들은 철을 가리지 않고 무등산 그늘로 병든 나를 찾아와 준다. 그들은 춘설헌 남향 방에 누운 나를 보고, 나는 그들에게 춘설차 한 잔을 권한다. 나는 차를 마시고 앉아 있는 그들을 보며 내 한평생이 춘설차 한 모금만큼이나 향기로웠던가를 생각하고 얼굴을 붉히곤 한다. 무등산에 해가 지면 그들조차 돌아가고 나는 혼자 누워서 빈손을 허공에 휘두른다. 아직도 그리고 싶은 그림이 많아 그렇게 허공에 그림을 그리고 누워 있는 것이다.

– 허백련, 「무등산에 해가 저문다」, 『뿌리깊은 나무』, 1977년 3월호

한 노인이 무릎을 오그린 채 반듯하게 누워 있다. 그는 눈을 감은 채, 평소 즐겨 그렸던 잎이 파란 풍죽(風竹)가지를 손에 들고 열심히 움직이고 있다. 건강이 악화되어 절필한 지, 벌써 2년. 손이 굳어질까 걱정인 노인은, 대나무 가지로 머릿속에 그림을 그리고 있는 것이다.

말년의 의재는 병석에 누워서도 허공에 손을 저어 그림을 그리곤 했다. 그럼에도 교육현장에서 어렵게 일해 나가는 제자들이 찾아와 작품 후원을 청할 때면, 그 떨리는 손으로 그림이나 글을 써 돌려보냈다. 붓을 든 후엔 더욱 기력이 쇠잔해져 갔음에도 그랬다. 이렇게 그의 그림은 자신이 아닌, 사람들을 향해 있었다. 그렇게 평생 그린 그림이 2만 장이 넘었다. 그런데도 그는 인생 마지막에 "아직 한 장도 못 그렸다."면서, 마음에 꼭 드는 그림 한 점 남기고

싶다는 말을 몇 번이고 반복했다.

1977년 2월 15일, 의재는 만 86세를 일기로 그의 삶을 마친다. 그림과 차와 교육을 통해 누구보다 격조 높은 선비의 정신을 보여주었던 삶이었다. 그런 치열한 삶을 살았으면서도 "내 한평생이 춘설차 한 모금만큼이나 향기로웠던가를 생각하고 얼굴을 붉히곤 한다."는 고백을 남겨 살아남은 자들을 한없이 부끄럽게 만들고는, 그가 사랑해 마지않았던 무등산으로 영원히 들어갔다. 어쩌면 우리가 지금 바라보고 있는 무등산은 의재라는 산신령이 들어앉아 완성된 산수화 한 점인지도 모르겠다. 그의 마지막 소원이었던 '마음에 꼭 드는 그림 한 점' 말이다. 더불어 이 그림은 우리들의 마음속에 들어온 때문인지, 아주 오래도록 아름다운 작품으로 남을 것 같다.

> 때로는, 화선지 위의 그림보다 마음속에 든 그림이 더 오래도록 아름다울 때가 있다.
>
> – 허백련

다시, 큰 스승들의 시대를 기다리며

최원순, 최흥종, 허백련의 삶들을 읽어내는 과정은 만만찮은 에너지가 필요한 일이다. 이들이 살았던 시절도 한몫을 했겠지만, 난세라고 해서 모든 이들이 영웅이 되는 것은 아니다. 그만큼 시대가 요청했던 질문에 자기만의 방식으로 최선을 다해 응답했기에, 이들을 영웅이라 불러도 결코 과하지 않을 것이다.

이들은 말이 아닌, 몸의 실천으로 시대에 응전했다. 최원순의 아호인 '석아(石啞)'는 '돌 벙어리'란 뜻이다. 언어를 무기로 싸운 자의 아호치곤 역설적이긴 하나, 최원순에게 말과 글은 자신의 몸 그 자체였다. 최흥종은 1949년 교분이 두터웠던 김구 선생이 사망하자, 100일 동안 묵언을 통해 애도를 전했다. 생전에 김구는 혼란스러웠던 해방정국에 오방정까지 찾아와 최흥종이 정치에 입문해주기를 설득했다. 끝내 거부한 최흥종에게 김구는 '화광동진(和光同塵)'이라는 휘호를 남기고 떠난다. 그 글귀는, 모든 욕망을 버리고 속세의 가장 낮고 비천한 곳으로 걸어 들어가 빈민과 걸인과 병자들을 위해 평생을 바친, 후배에 대한 예우였다. 그리고 최흥종의 100일 침묵은 민족독립을 위해 싸우다 간 선배에 대한 경의의 표현이었다. 또한, 평생 등짐처럼 말더듬을 안고 살았던 허백련은 그 서툴고 어눌한 말로 어린 제자들을 가르치고 품었다. 돌 벙어리, 묵언, 말더듬이의 삶. 잘난 말들의 성찬이 벌어지는 요즈음, 이들 세 사람이 우리에게 전하는 메시지는 묵직하다 못해 버겁다. 그래서 이들은 영웅이자, 시대의 스승일 수 있었다.

어찌 이 터의 스승이 세 사람뿐이었을까. 춘설헌은 허백련 이외에도 수많은 스승들의 거처였다. 독립운동가였던 지운 김철수와 정상호(당시 전남대 농대 교수)는 한 해의 절반을 춘설헌에 머물면서 학생들을 가르쳤으며, 농학자인 유달영 박사도 의재의 청이 있을 때마다 득달같이 달려와 농업기술을 전수했다. 이곳을 사랑했던 다석(多夕) 유영모(柳永模), 함석헌, 이은상, 최남선, 서정주, 효당 스님 등 각 분야의 인사들이 잠시 머무를 때면, 의재는 이곳으로 학생들을 불렀다. 그들의 지식과 담론을 몸으로 익히라는 뜻이었다. 이렇듯 수많은 스승들이 춘설헌과 함께했다. 그야말로, 대(大) 스승들의 시대였다.

최흥종은 생애 끝까지 나환자들과 함께하다 1966년 5월 14일 영면했다. 장지까지 따라온 나환자들과 부랑자들은 해가 질 때까지 발길을 돌리지 못하고 무덤 앞에 주저앉아 오열했다. 그 11년 뒤, 의재가 뒤를 따랐다. 광주는 지역의 큰 어른이자 스승이었던 두 사람에게, '시민 사회장'이란 이름으로 마지막 인사를 건넸다. 그리고 1977년 의재가 떠났던 해, '광주농업고등기술고등학교'도 폐교되었다. 대 스승들의 시대가 저물고 있었다.

영웅도, 스승도, 어른도 없는 이 시대. 석아정이자, 오방정이자, 춘설헌인 이 터는 우리에게 많은 말들을 전하고 있다. 껍데기가 아닌, 알곡으로서 몸의 언어를 가진 스승을 우리는 언제 다시 만날 수 있을까?

수많은 스승들이 춘설헌과 함께했다.

의재 허백련 묘소

참고문헌

광주농업고등기술학교 총동문회, 『의재 허백련 선생의 철학사상과 다생활 및 예술세계』, 시와사람, 2014.

김정호, 『광주산책』 상·하, 광주문화재단, 2015.

김종·정인서, 『무등산이 된 화가 허백련·오지호』, 한국문화원연합회 광주광역시지회, 2012.

노성태, 『광주의 기억을 걷다』, 살림터, 2014.

박선홍, 『광주1백년』 1권, 광주문화재단, 2015.

심세중, 『삶과 예술은 경쟁하지 않는다』, 디자인하우스, 2001.

오우성, 「호남교회사에 있어서 복음적 사회운동에 대한 한 연구–오방 최흥종 목사의 생애와 사상을 중심으로」. 계명대 박사논문, 1998.

이선옥, 「19세기 서화가의 유배와 호남화단」, 『호남문화연구』 43, 전남대 호남학연구원, 2008.

이선옥, 「삶의 본이 된 스승 의재 허백련」, 『의재, 산이 되다』, 광주시립미술관, 2019.

정병춘·허달재, 「의재 허백련 선생의 차생활과 철학사상」, 『한국다학회지』 11–3, 2005.

조미진, 「의재 허백련 생활차 운동 연구」, 원광대 석사논문, 2018.

지역문화교류호남재단, 『광주 역사문화 자원 100』 하, 심미안, 2016.

차종순, 「호남교회사에 있어서 복음적 사회운동에 대한 한 연구–오방 최흥종 목사의 생애와 사상을 중심으로」, 계명대 박사논문, 1998.

최혜영, 「의재 허백련과 연진회 연구」, 홍익대 석사논문, 2017.

한규무, 「오방 최흥종의 생애와 민족운동」, 『한국독립운동사연구』 39. 독립기념관 한국독립운동사연구소, 2011.
한규무, 「오방 최흥종의 신앙노선과 선교활동」, 『한국기독교와 역사』 48, 한국기독교역사연구소, 2018.

광주의 예술혼이 살아 있는 곳, 춘설헌

춘설헌은 증심사 계곡 본류대에서 개울을 건너가야 나타난다. 표지판이 없다면 모두들 그곳에 무엇이 있는지조차 모르고 지나갈 법한 공간에 비탈진 면을 슬쩍 건드려 지반을 닦고 슬며시 건물을 얹어 둔 곳이다. 남쪽으로는 작고 건조한 계곡이 있고, 밤이면 증심사 계곡의 물 흐르는 소리가 들려온다. 솔숲이 있어 솔바람 소리 서늘하고, 초입의 철쭉과 영산홍, 단풍과 차나무, 편백나무 등이 사철 푸르고 붉고 하얗게 나뉘어 피는 곳, 그 안쪽으로 춘설헌이 자리한다. 춘설헌에 들면 저 건물 안에서 도포자락 휘날리며 금방 걸어올 것 같은 무등산 산신령 같은 의재 선생을 떠올릴 수밖에 없다.

남종화의 대가 의재 선생이 후학을 가르치고, 여러 명사들과 교류하고, 제자들의 답방을 받으며, 그들과 더불어 끓여냈던 춘설차 밭도 꼭 들러야 할 곳이다. 아니 그보다 먼저는 의재의 묘소를 가야 한다. 산길의 계단을 오르면 봉긋한 묘가 나타난다. 지금 계셨

다면 차 한 잔 내려 주십사 하고 부탁드리고 싶은, 다행히 마시게 된다면 감격에 겨워할 어르신은 그렇게 무등산 아래 잠들어 계신다. 묘소 위로는 다원이 형성되어 있다. 삼애다원의 일부다. 하늘을 사랑하고, 백성을 사랑하고 흙을 사랑하자는 '삼애'. 차가 가지고 있는 심오한 세계를 존중했던 선생은, 옛적 증심사의 차밭이자 일제의 지주가 상업용으로 활용하다 광복 후 적산이 된 차밭을 꼼꼼히 챙겨 춘설차의 재배지로 일구어냈다.

차밭을 나와 개울을 건너면 의재미술관이다. 의재 선생의 작품을 전시하며 가끔은 외부 작가를 초청한 기획전을 열기도 한다. 의재 선생이 지녔던 작품 세계와 일상을 엿보고자 한다면 당연히 이 미술관에 들러야 한다. 초입의 탁 트인 통유리에 펼쳐지는 광경은 그야말로 진경산수를 담은 병풍이 된다. 의재 선생의 그림과 삶 그리고 증심사 저쪽 춘설헌의 배경을 생각하게 해준다.

2층에 올라서면 의재 선생의 진적들이 모아져 있다. 그중 가장 강렬한 것은 다관이다. 낡고 금 간 것을 이어 사용했던 소박하고 다정했던 어르신의 삶이 그대로 느껴진다. 매 한 마리가 눈을 부릅뜨고 나를 바라본다. 응매도의 그림 안에서 자주와 자강이라는 단어를 떠올린다. 조국을 지키고자 하는 해동청 보라매, 장산곶매와 같은 느낌을 던져준다. 그림에 시대가 담기고 철학이 담기고 희망이 새겨져 있음을 온전히 느끼며 다음 길로 향한다.

이번에는 산비탈을 오른다. 의재 선생이 황폐해진 차밭을 다시 일구었던 공간이다. 차나무는 본디 반음반양 식물이다. 너무 햇볕이 많이 들어도 너무 습해도 안 되니 물빠짐이 좋아야 한다. 그런 면에서 무등산 사면의 이곳은 차밭의 적지 중의 하나다. 모두들 상업성으로 차를 재배할 때, 의재 선생은 차에 깃든 영혼을 얘기했다. 무등에서 쏟아지는 해와 바람과 비를 맞으며 자랐던 차를 춘설차라 명하고 사방에 이 차를 보급하고자 심혈을 기울였다. 대한민국을 대표하는 명차로서 춘설차가 가치를 가졌던 시대였다. 그림으로 글로 생애로, 온전히 모든 것을 바쳤던 그분의 생애가 춘설차 안에 담겨 있고, 그 차밭이 오늘 여기 있는 것이다.

차밭에서 흙바닥의 비탈을 보면 씨앗들이 있다. 그 씨앗을 가져가 촉촉한 흙에 껍질을 약간 부셔서 심어 놓으면 싹이 돋는다. 실내에 차나무 한 그루 심어 두고 사철 푸르른 차나무의 자취에 취해 보는 것도 운치 있는 일이다. 차꽃은 늦은 가을에 핀다. 온갖 나무들이 좋은 계절에 꽃을 피워낼 때 참고 참았다가 이제 벌과 나비가 마지막 꿀을 취하려 할 때 차꽃은 피어난다. 그 은은한 향을 따라 벌나비들이 모이는 10월말과 11월의 차밭은 또 하나의 풍경이다.

그리고 눈 쌓인 겨울 무등산의 백발을 보며 푸른 차밭에 서 있으면 내가 풍경인지 주인공인지 착각이 일 정도다. 4월이나 5월의 차밭은 꿩들의 차지가 된다. 이 언저리에 사는 꿩들은 차밭을 소중한 산란처이자 은신처로 삼는다. 덕분에 가끔은 차밭 고랑에서 튀어나오는 꿩에게 화들짝 놀랄 수 있다.

차밭을 조심스럽게 내려오자. 이번에는 아래쪽에 있는 각종 미술관과 만나 봐도 좋다. 의재 선생과 오지호 선생이 만든 예향의 화맥들은 광주가 왜 예향인지를 어렵지 않게 깨닫게 해준다. 무등현대미술관, 우제길미술관, 국윤미술관…. 그리고 광주제2순환도로가 지나가는 곳을 지나 의재로의 끝자락에 이르러 보면 거기 한 어르신이 앉아 계신다. 무등을 우러르며, 아직 천제단을 완성하지 못한 아쉬움을 뒤로한 채 말이다.

여행팁

춘설헌은 차싹이 반짝 오르고 영산홍이 피는 5월 초순에 찾는 것이 적격이다. 증심사 계곡의 물줄기도 우렁차고, 여린 나무들의 잎이 연초록으로 눈부시기 때문이다. 그리고 가을 이곳의 애기단풍은 작고 소박한 것이 얼마나 환하게 세상을 비춰주는지를 가르쳐 준다. 늦은 가을이나 초겨울에 서리나 첫눈이 올 때는 춘설헌에서 돌아오는 길을 잊을지도 모른다.

양파정楊波亭·춘설헌春雪軒

현판

양파정 버들 양楊 물결 파波 누정 정亭

병자년(1936년) 봄 후손 민영 삼가 씀[1] 丙子 春 孫 敏永 謹書

1 양파정은 1932년에 중건되었는데, 그 몇 년 후에 후손이 쓴 글씨이다.

삼가 양파정 시에 이어서

謹次楊波亭韻

푸른 버들 동쪽 가로 푸른 물결 돌아가니 綠楊東畔碧波歸
명승지의 유명 정자 그 이름 어긋나지 않네 勝地名亭相不違
옛 자취 찾으러 다니는데 꽃은 말이 없지만 行尋古蹟花無語
축성된 새 정자 축하하러 제비도 날아오네 來賀新成燕又飛
몇 곡조 저녁 피리로 곳곳에 연기 피어오르고 暮笛數聲烟處處
한 굽이 맑은 연못에 달빛 한들거리네[2] 澄潭一曲月依依
주인은 정녕 청아하고 고아한 선비이니 主人正是清高士
긴 대와 푸른 솔이 사립문을 반쯤 가리웠네 脩竹蒼松半掩扉

갑인년(1914) 4월 時甲寅孟夏

의춘후인 남기윤 삼가 쓰다[3] 宜春后人 南基允 敬稿

2 의의(依依)는 수면에 비친 달빛이 한들거림을 형용한 말이다. 『시경』에 "옛날 내가 길을 떠날 때에는, 수양버들 가지가 한들거렸지(昔我往矣, 楊柳依依)"라고 하였다. 당시 양파정 근처에는 버드나무가 많아서 이 구절을 사용한 것이다.

3 의춘은 의령(宜寧)의 다른 이름이다. 의춘후인이란 의령남씨이다.

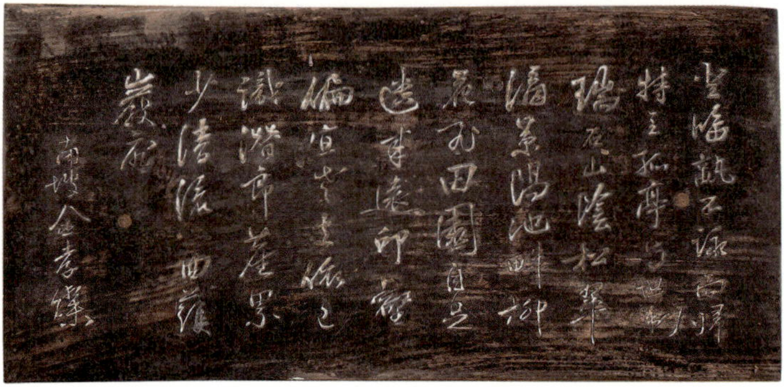

높이 올랐으니 그 누가 읊지 않고 돌아갈까　登臨孰不詠而歸
우뚝 솟은 외딴 누정 보통 세상과 다르네　特立孤亭與世違
서석산은 울창하여 푸른 솔 그림자 비치고　瑞石山陰松翠滴
경양지 연못가엔 버들가지 날리네　景陽池畔柳花飛
전원생활 자족하다는 그 유래가 오래되었으니　田園自足遺來遠
골짝과 언덕은 늙음을 의지함에 알맞구나　邱壑偏宜老夫依
이미 행랑채가 맑으니 세상 먼지 적은데　已識澄廊塵累少
푸른 물 한 줄기가 바위 문을 감싸도네　淸流一曲擭巖扉

남파 김효찬[4] 南坡 金孝燦

4 남파 김효찬(金孝燦, 19세기 말~20세기 전반)은 주로 전라남도 순천에서 활동하였던 근대 문인이다. 환선정에서 활동하였던 백련사(白蓮社) 결사의 한 사람이었으며, 매천 황현의 문인으로서 난국음사(蘭菊吟社)를 창립하여 활동하기도 하였다.

양파정기

楊波亭記

나는 지극히 어리석고 몹시 비루하여 인간의 대열에 나란히 하기는 부족하다. 그러나 그 뜻만은 일 밖에 마음을 놓아 버리고 산수에서 우유함양(優游涵養)[5]하는 생각이 없지 않았다. 불행히 일찍 풍수(風樹)의 서글픔[6]을 당하게 되었고, 계속해서 조선(朝鮮)이 망하게 되자 세속에서 쉬지 않고 수고로웠으나 일은 마음대로 따르지 않아 그 또한 슬펐다.

그러나 그 뜻만은 단 하루라도 산꼭대기나 물가의 누정 사이와

5 우유함양(優游涵養)은 서두르지 않고 조용히 학문의 깊은 뜻을 완미(玩味)함을 말한다.
6 '풍수(風樹)의 서글픔'은 부모를 잃은 슬픔을 가리킨다. '풍수지탄(風樹之歎)'이라고 한다.

초목(草木)에 있지 않은 적이 없었다. 어느덧 51세의 나이가 되니 이에 길게 탄식하며 말하기를, "이와 같이 그대로 따르기만 하고 그만두지 않는다면 나는 장차 속세에 장차 늙게 될 뿐이다."라고 하였다.

마침내 옛날의 석서정(石犀亭)[7]이 있었던 황폐한 땅을 얻어서 그 위에 정자를 짓고, 세상사를 벗어나 기거하면서 노년을 마치려는 계획을 삼고는 지금 이후부터 대강이나마 나의 뜻을 이루게 되었다. 꽃을 가꾸고 나무를 심으며, 물가를 굽어보고 들녘에 임하여 날마다 벗들과 더불어 술을 마시고 시를 읊으면서 스스로 좋아하는 것을 즐겼다.[8] 속세에서 골몰하였던 지난날을 돌이켜 생각하니 나도 모르게 꿈속에서도 경악을 금할 수 없었는데 어떻게 이 지경까지 견디어 왔는가. 대개 자손이 되는 자가 나를 돌이켜 생각해준다면 금일 나는 장차 "나에게도 후손이 있다."고 말할 것이다.

갑인년(1914) 4월 하순(下旬)에 양파산인(楊波散人)

정낙교(鄭洛教)가 기록하다[9]

---

7 석서정(石犀亭)은 지금의 광주 사직공원 양파정(楊波亭) 근처에 있었다는 고려(高麗) 말기에 건립된 누정이다.

8 원문의 '자적기적(自適其適)'은 남이야 뭐라고 하던 간에 자신의 취향에 맞게 즐기는 것이다. 『장자』에 "남이 좋아하는 것만 덩달아 좋아하고, 정작 자기가 좋아하는 것은 좋아하지 못하는 자(適人之適, 而不自適其適者)"가 되지 말라는 말이 나온다.

9 정낙교(鄭洛教, 1863~1938)는 1914년 양파정을 건립하고 나서, 이 「양파정기」를 썼다. 그 후에도 1920년 호남은행 설립에 참여하는 등 많은 사회운동을 하였다.

余至愚極陋, 不足齒於人列, 而其志則不無放情事外, 優遊於林泉之想. 不幸早嬰風樹, 繼遭終鮮, 役役世物, 事不從心, 其亦戚矣. 然而其志則未嘗一日不在山顚水涯亭樓榭之間, 草木之年, 遽爲五十有一, 則乃喟然歎曰: "如是乎因循不已, 則吾將老於世故而止矣." 遂得古所謂石犀亭荒廢之地, 作亭於其上, 以爲遺落世事, 棲身終老之計, 自今以往, 可謂粗酬吾志矣. 蒔花種樹, 俯水臨野, 日與朋舊, 飮酒哦詩, 自適其適. 追思往者, 滾汩於塵埃之中, 則寢驚夢愕, 未知此身, 如何過了此境界也. 凡爲子孫者, 追念吾, 今日則吾將曰: "余有後也."

甲寅四月下澣 楊波散人

鄭洛教記

양파정 주인의 시를 이어서[10]

次楊波亭主人韻

이런 이름난 정자 있어 돌아갈 곳 얻었는데 有此名亭得所歸
자진[11]이 어찌 세상과 서로 등지려 했겠는가 子眞豈欲世相違
거울 같은 봄 호수에서 물고기 즐거움[12] 구경하고 鏡湖春水觀魚樂
버드나무 정자 가을 안개 학이 날아가네[13] 柳墅秋烟放鶴飛
꿈속 같은 공명은 모두 환상이러니 夢裡功名都是幻
가슴속 산과 골짜기는 마음 붙일 만하지 胸中邱壑可堪依
은거의 좋은 것은 아는 사람이 없으니 幽居勝事無人識
이웃 승려만 대사립 문 두드리길 허락하였네 惟許隣僧欵竹扉

을묘년(1915년) 2월 81세 늙은이 김윤식[14] 乙卯仲春 八十一翁 金允植

10 이 시는 작자의 문집에는 '학산화상(鶴傘和尙)이 서석산(瑞石山) 약사암(藥師庵)으로부터 와서 방문하여 「양파정」 시를 내게 보여주면서 화답을 요청하였다.'고 주가 붙어있다.

11 자진은 서한(西漢) 때 인물 정박(鄭璞)으로 그의 자이다. 성제(成帝) 때에 외척대신(外戚大臣) 왕봉(王鳳)이 예의를 다해 초빙해도 응하지 않고 곡구에서 살면서 호를 곡구자진(谷口子眞)이라고 하였다. 『한서(漢書)』에 나오는 말이다.

12 '물고기 즐거움'이란 장자(莊子)가 친구인 혜자(惠子)와 함께 노닐 적에 장자가 말하기를, "피라미가 나와서 조용히 놀고 있으니, 이는 저 물고기의 낙(樂)이네." 하자, 혜자가 말하기를, "자네는 물고기가 아닌데, 어떻게 물고기의 낙을 안단 말인가." 하니, 장자가 다시 말하기를, "자네는 내가 아닌데, 어떻게 내가 물고기의 낙을 모른다는 것을 안단 말인가?"라고 한 데서 온 말이다. 『장자(莊子)』「추수(秋水)」에 나오는 말이다.

13 방학비(放鶴飛)는 '내놓은 학이 날아간다'는 뜻이다. 양파정 앞 광주천에 학이 날아감을 말한다.

14 김윤식(金允植, 1835~1922)의 호는 운양(雲養)으로 한말의 문신이자 개화사상가이다. 고종 11년(1874년) 문과에 급제하였으며, 친청(親淸) 노선을 견지하며 갑오경장에도 관여하였다. 을미사변으로 탄핵을 받아 1901년 6월 다시 제주도에서 지도(智島)로 이배되었으며, 그 무렵 전라도 여러 지방에 대한 한시를 남기고 있다. 한말 애국계몽운동으로 기호학회(畿湖學會) 회장, 흥사단장(興士團長) 등을 하기도 하였다. 저서로 『운양집』을 비롯하여 「음청사(陰晴史)」 등이 있다.

삼가 양파정 원운시를 이어서

謹次楊波亭原韻

일찍이 명승은 선비들이 모인다 들었는데　夙聞名勝士如歸
세상을 버렸다고 출처를 말하면 안 되네　休道行藏世共違
버들가지에 때때로 꾀꼬리 노래 들려오고　楊柳時聽黃鳥喚
빛나는 물결에 끊임없이 흰 학이 날아드네　波光不斷白鶴飛
'양파'라는 편액 두 글자가 오랜 세월 견디니　亭扁二字堪千古
이곳으로 유배된 명현들의 귀의처가 되었네　地逐名賢得所依
백적파옹[15]이 그리워서 꿈속에서 헤매다가　百謫坡翁餘夢在
만년에 부질없이 이 산의 사립문을 두드렸네　殘年虛擬疑山扉

갑인년(1914년) 동지 하정 여규형[16] 甲寅南至 荷亭 呂圭亨

15 백적파옹(百謫坡翁)은 많은 유배를 당한 동파옹이란 뜻으로 중국 송(宋)나라 소동파(蘇東坡)를 가리키는 말이다.

16 하정(荷亭) 여규형(呂圭亨, 1848~1921)은 고종 19년(1882년)에 문과에 급제하여 벼슬을 하였지만, 청빈하였다. 시, 서, 문을 비롯하여 사(射), 금(琴), 기(棋), 주(酒)를 잘하였으므로 칠절(七絕)이라 일컬어졌다. 저서로 『하정집(荷亭集)』이 있다.

양파정중건기

楊波亭重建記

높고 밝은 곳의 대사(臺榭, 정자 같은 높고 큰 집)는 『예경(禮經)』에서 때에 맞아야 한다고 말한다. 보이는 것이 막히면 뜻이 정체되기 때문에 반드시 놀고 쉴 만한 것이 있어야 해서 유유주(柳柳州)[17]도 정사를 하면서 누정을 만든 것이다. 내가 일찍이 세 번 반복하여 읽으니[18] 이 말은 벼슬살이 하는 자뿐만 아니라 비록 집에 거처한 자라도 이러한 곳이 없어서는 안 되어 여기에 내 정자를 지은

---

17 유유주(柳柳州)는 유종원(柳宗元, 773~819)을 말한다. 자는 자후(子厚)이며, 하동(河東) 사람이므로 세상에서는 유하동이라 불렀다. 감찰어사로 있다가 유주 자사(柳州刺史)로 좌천되었기에 유유주라고도 부른다. 한유(韓愈)와 함께 고문운동을 전개하여 당송팔대가의 한 사람이 되었다.

18 '세 번 반복하여 읽으니'란 원문의 '삼복(三復)'은 하루에 세 번 반복해 읽었다는 뜻으로 항상 가슴속에 명심하며 잊지 않겠다는 의미를 담고 있다.

까닭이다. 이 정자는 갑인년(1914년) 4월에 새롭게 지어졌고, 중건은 임신년(1932년) 5월에 하였다.

슬프구나! 19년이 지나는 동안 정자가 기울어지고 무너짐이 이와 같으니 더군다나 인간사의 변천은 마땅히 어떠하겠는가. 조금 더 수리하는 것이 나의 뜻이었지만 중건하게 된 것은 이에 또한 부득이한 형편 때문이었다. 이후부터 집 안에 있으면서 우울한 생각이 들면 문득 지팡이를 짚고 올라가 바라보니 구름과 안개가 걷혔다가 다시 끼는 것이 아침저녁의 온갖 형상이요, 흐르는 시냇물에 줄지어 가로지른 것은 고기 잡는 사람들이 서로 섞여 있는 것이다. 고을의 많은 집과 상점들의 온갖 잡화를 그 아래에서 찾을 수 있으니 한가롭고 널찍한 정취와 어지럽고 화려한 모습이 함께 있어서 서로 구애될 게 없다고 말할 수 있다.

어떤 사람이 말하기를 "사람의 근심과 즐거움은 마음에 달려 있어 마음이 안정되면 비록 하나의 물과 돌이라도 나에게 즐거움이 될 수 있다. 그러나 마음이 안정되지 않으면 빼어난 산수와 번다한 파사(波斯)[19]라도 어찌 즐거움이 될 수 있겠는가."라고 하였다. 내가 대답하기를 "그대의 말이 옳기는 한데 돌이켜 생각해 보니 또 하나의 소견이 있다. 대체로 즐거운 자가 이곳에 오르면 즐거움이 증가되고, 근심 있는 자가 이곳에 오르면 근심이 사라진다. 벼

19 파사(波斯)는 이란의 옛 이름인 페르시아를 가리킨다. 고대(古代)에 진보(珍寶)를 많이 생산하기로 유명하였다.

슬살이 하는 자가 공무(公務)의 여가에 한 번 오르면 우울한 마음이 펴지고, 집 안에 거처하는 자가 한가한 틈을 타서 문득 가면 그 뜻이 즐거워진다. 먼 지방의 길손과 여기에서 이야기하거나 향린(鄕隣)의 글 짓는 선비와 이곳에 오르면 모두 눈과 마음이 상쾌해진다. 그러니 나의 정자는 근심하는 사람, 즐거운 사람, 출세한 사람, 가정에 거처한 사람, 멀고 가까운 사람의 청상(淸償)[20]에 도움이 안 될 수는 없다. 그래서 이른바 때에 맞게 놀고 쉬는 자들과 여러 사람이 함께해야지 어찌 혼자만 독점할 수 있겠는가."라고 하였다. 듣고 있는 사람은 묵묵히 아무 말도 없었다. 마침내 그 이야기로 이와 같이 기문을 지었다. 원컨대 우리 자손들이 이 의미를 잘 체득하고 계승하여서 정자를 수리하면 이 일은 영원할 것이다.

임신년(1932) 5월 하순 정낙교 쓰다

居高明處臺榭, 禮經爲順時而言也. 視壅則志滯, 故必有遊息之物, 柳柳州爲爲政而發也. 余嘗三復, 斯言以爲非惟居官, 雖處於家者, 亦不容無此矣, 此吾亭之所以作也. 創新在甲人四月, 重建在壬申五月. 噫! 歷年十九, 亭之欹傾頹廢, 若是焉, 況人事之變遷, 當何如哉.

20 청상(淸償)은 원래 '빚을 갚다'는 말인데 여기에서는 각자의 위치에 따라 이 정자에 오르면 기쁜 사람은 기쁨을 더해주고, 슬픈 사람은 슬픔을 사라지게 해준다는 의미이다.

略加修治, 是吾志, 而重建, 乃已亦其勢也. 從玆以往, 家居慮鬱, 輒杖策登眺, 雲烟開斂, 朝暮萬像, 溪流橫帶, 漁釣交錯. 萬室之邑, 百貨之肆, 摸其下, 閒曠之趣, 紛華之像, 可謂兼有而不相妨矣. 或曰: "人之憂樂, 在於其心. 心靜則雖一水一石, 吾得而樂焉. 心不靜則雖溪山之勝波斯之繁, 豈得而樂之哉." 余曰: "子之言是矣, 反而思之, 又有一焉. 盖樂者登之, 可以增其樂, 憂者登之, 可以忘其憂. 官居者, 公餘一登, 足以宣其鬱, 家居者, 乘閒輒往, 足以樂其志. 遠方羇旅之道於此者, 與鄕鄰韻士之登此者, 皆得以快心目焉. 然則吾亭不爲無助於憂者樂者出者處者遠近者之淸償矣. 而所謂順時游息者與衆共之, 豈得而獨專哉." 聞者默然無以應. 遂記其說如此. 惟願吾子孫克體此意, 嗣而葺之, 以永其事也.

삼가 가군 원운의 시판 아래에 쓰다[21]

謹題 家君原韻板下

동쪽을 바라보고 서 있는데 물은 북으로 돌고　面勢東開水北歸
사람들이 점지한 곳 서로 어긋남이 없어라　人謀龜卜不相違
멋진 산 벌여져 모두 그 모습 다 드러내고　奇巒成列咸呈態
잘 지어진 집 하늘 높이 솟아 머리를 들려 하네　精構凌空直欲飛
생각하면 우리 집은 바탕이 되는 일을 중히 하니　仰念吾家基業重
깊이 맹세하고 좋은 가르침에 따라야겠지　深盟他日訓規依
천 년의 세월 후에도 끝없이 이루어지기를　千秋在後無窮旣
바라건대 신명께서 이 집을 잘 지켜주시길　祈有明神獲板扉

갑인년 이른 가을 상순　甲寅 秋孟 上澣

불초아들 병호[22]　不肖男 秉好

21 가군(家君)은 양파정의 창건자인 부친 정낙교를 말한다.

22 정낙교의 첫째 아들 정병호이다. 그러나 그는 큰집의 양자로 가게 되었다. 또 광주민속문화재인 양림동의 유명한 한옥 이장우 가옥의 주인이었는데, 1965년에 이장우에게 소유권이 이전되었다.

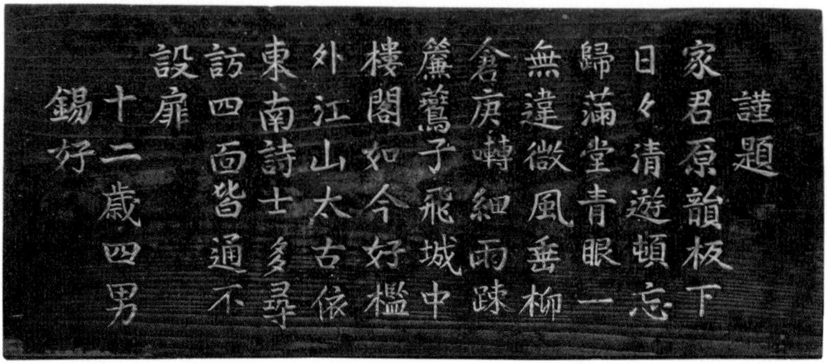

삼가 가군 원운의 시판 아래에 쓰다
謹題 家君原韻板下

날마다 노닐다보면 돌아갈 것을 잊어버려	日日淸遊頓忘歸
가득 찬 좋은 벗들과 어긋남이 없구나	滿堂靑眼一無違
부드러운 바람 늘어진 버들 꾀꼬리 지저귀고	微風垂柳倉庚囀
가는 비 드리운 발 너머 제비가 날아드네	細雨疏簾燕子飛
성 안의 누각은 지금이 가장 좋은데	城中樓閣如今好
난간 밖의 강산은 옛날에 의지하였네[23]	檻外江山太古依
남녘의 시인들이 많이도 찾아오니	東南詩士多尋訪
사면이 모두 통하여 문도 달지 않았다네	四面皆通不設扉

12세 4남 석호[24] 十二歲 四男 錫好

23 난간 밖의 강산은 양파정 근처의 풍경을 말한다.

24 정낙교의 네 번째 자녀 정석호이다. 그가 12세에 지은 한시라고 되어 있다. 그는 독일에 유학을 가서 음악가로 큰 활약을 하였다. 그의 생질들인 정추, 정준채, 정근 등이 음악을 이어 나갔다.

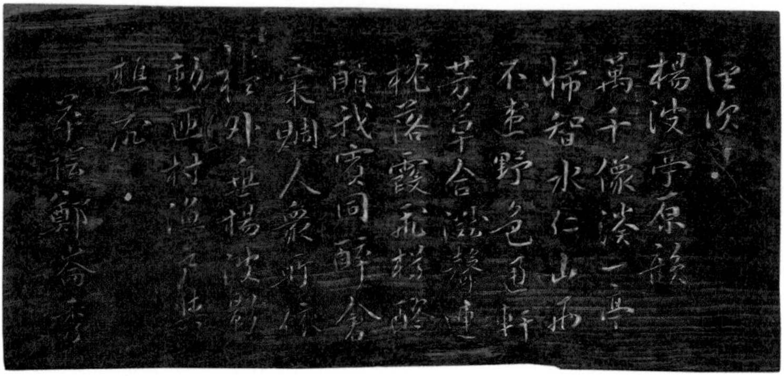

삼가 양파정 원운시를 이어서

謹次楊波亭原韻

천태만상이 모여서 양파정으로 돌아오니	萬千像湊一亭歸
인자는 물 지자는 산이란 말 틀리지 않네[25]	智水仁山兩不違
들녘에 아름다운 풀들에 마루까지 그윽하고	野色通軒芳草合
안개가 날리는 중에도 시냇물 소리 들리누나	灘聲連枕落霞飛
술동이 술이 있어 나와 손님 함께 취하였고	樽醪醑我賓同醉
창고 곡식 꺼내어서 여러 사람 도와 주네	倉粟賙人衆所依
난간 너머 수양버들 물결 그림자 되어 일렁이며	檻外垂楊波影動
마을에서는 집집마다 고기 잡고 나무 하네	匝村漁戶與樵扉

화음 정윤수[26] 華陰 鄭崙秀

25 지수인산(智水仁山)은 『논어』에 '지혜로운 자는 물을 좋아하고, 어진 자는 산을 좋아하니, 지혜로운 자는 동하고, 어진 자는 고요하며, 지혜로운 자는 즐겁고, 어진 자는 장수한다(智者樂水, 仁者樂山. 智者動, 仁者靜, 智者樂, 仁者壽).'라고 한 데서 온 말이다.

26 정윤수(鄭崙秀)는 김윤식의 문인(門人)이다. 1903년 온릉 참봉(溫陵參奉)을 하였으며, 1912년부터는 스승의 문집인 『운양집(雲養集)』의 간행에 힘썼다. 1917년에 경학원(經學院) 사성(司成)이 되었다.

양파정기

楊波亭記

침랑(寢郎)을 지낸 양파(楊波) 정낙교(鄭洛敎)는 이미 스스로 그의 정자에 대한 기문을 지었는데, 또 나에게 이 정자에 대해 써주기를 요구하였다. 내가 말하기를 "「양파정기(楊波亭記)」는 육일공(六一公)[27]께서 이미 지은 것이다."라고 하니 주인이 말하기를 "지금 내가 이 정자에 대해 지었는데 천 년 전에 육일공께서 이미 기문을 지었다고 말하는 것은 이 무슨 말입니까?"라고 하였다. 내가 말하기를 "「유미당기(有美堂記)」[28]에 이르기를 '산수에 올라 바라본

27 육일공(六一公)은 중국 송(宋)나라 사람으로 문장이 뛰어났던 당송팔대가(唐宋八大家)의 한 사람 구양수(歐陽修)의 호(號)이다.

28 「유미당기(有美堂記)」는 구양수의 대표적인 산수경물기 중 하나로 『고문진보』에도 수록되어 있다.

아름다움과 사람들이 거처한 고을의 번다함을 눈으로 보면 다 알 수 있다.'라고 했는데 오늘의 양파정도 그러하니 육일공께서 이미 기문을 지은 것이 아니겠는가? 이는 「유미당기」를 「양파정기」로 간주할 수 있는 것이다."라고 하였다.

주인이 말하기를 "비록 그렇지만 한마디를 더 바랍니다."라고 하니 내가 웃으며 말하기를 "그만둘 수 없다면 하는 수 없이 강자아(江子我)[29]가 엄릉(嚴陵)[30]의 「조대기(釣臺記)」를 지은 것처럼 새롭게 연월(年月)만 써도 괜찮은가? 양파정이 갑인년(甲寅年) 3월에 착공되어 5월에 완성되었다고 하리라."고 하였다. 어떤 사람이 나무라며 말하기를 "이는 너무 소략한 것이 아닌가?"라고 하였다. 내가 빙그레 웃으며 말하기를 "주인의 고아한 운치가 이미 내가 지은 육위문(六偉文)[31]에 대략 있는데, 또 어찌 중복할 필요가 있겠는가."라고 하였다. 그래서 이것으로 「양파정기」를 짓는다.

정자를 지은 그해 5월 하순

29 강자아(江子我)는 중국 송(宋)나라 사람으로 일찍 진사시에 합격하여 승무랑(承務郞), 태상소경(太常少卿) 등의 벼슬을 역임한 강단우(江端友)의 자(字)이다.

30 엄릉(嚴陵)은 중국 한나라 때의 유명한 선비 엄광(嚴光)인데, 엄자릉(嚴子陵)이라고도 부른다. 당시 임금 광무제(光武帝)의 친구였지만, 부름을 피하기 위해 일부러 양가죽 옷을 입고 고기 잡는 어부의 행세를 하고, 또 부춘산(富春山)의 깊은 골짝에 숨어 그 종적을 감추었다. 후인들이 그의 조대(釣臺)를 본떠 많이 만들어놓고, 기문들을 남기고 있다.

31 육위문(六偉文)은 건물의 상량문(上樑文)을 말한다. 동서남북, 상하 여섯 군데의 신에게 건물의 안전을 빌기에 육위라고 하였다.

운람(雲藍) 정봉현(鄭鳳鉉) 쓰다[32]

楊波鄭寢郞洛敎, 旣自記其亭, 又要余書其事, 余曰: "楊波亭記, 六一公已作之矣." 主人曰: "今吾作此亭, 千載前六一公已作記云者, 此何說也." 余曰: 有美堂記云, 山水登臨之美, 人物邑居之繁, 一寓目而盡得之, 今楊波亭爲然, 其非六一公已記之乎. 有美堂記把作楊波亭記, 看可矣. 主人曰: "雖然, 請一言之." 余囅然而笑曰: "無已則止, 書作新年月如江子我之於嚴陵釣臺可乎. 盖始役於甲寅三月, 斷手於五月." 或難之曰: "此不已太簡乎." 余又迥然而笑曰: "主人之雅致, 槪及於吾所作六偉之文, 亦何架疊爲." 此足爲楊波亭記也. 作亭之歲中夏下澣, 雲藍鳳鉉書.

32 운람(雲藍) 정봉현(鄭鳳鉉, 1852~1918)은 전라남도 곡성(谷城) 출신이다. 양파정 창건자 정낙교와 사돈 간인데, 정낙교의 딸을 며느리로 맞이하였다. 또 정봉현의 딸 정점효는 유명한 극작가 김우진의 본부인이다. 운람은 한학으로 크게 이름난 학자였지만, 경학원 강사를 하였기에 친일의 행적이 문제가 되기도 한다. 그러나 그의 친손자들은 유명한 음악가 정추를 비롯하여 거의 사회주의 사상에 투철하여, 일부는 월북을 하는 등 파란 많은 가족사를 지니고 있다. 그의 문집으로 『운람집(雲籃集)』이 있다.

석아정 돌 석石, 벙어리 아啞, 누정 정亭

나무[木], 94.0×46.0×3.7cm, 광주광역시 문화재자료 제22호

석아정 현판은 2·8독립선언의 주역이자 일제강점기 언론인이었던 최원순이 1930년대 들어 무등산 자락에 지은 '석아정'의 현판이다. 그의 아호이기도 한 '석아(石啞)'는 '돌처럼 말없는 벙어리'란 뜻이다. 아(啞)는 원래 새가 우는 소리를 나타내는 의성어였는데, 벙어리라는 뜻으로 확대되었다. 언론인이자 당대 최고의 연설가였던 최원순의 호가 '석아'인 것은 〈동아일보〉 필화사건으로 옥고를 치른 그가 선택한 항거의 의미가 담겨 있다.

글씨는 성당(惺堂) 김돈희(金敦熙, 1871~1937)의 작품이다. 그는 1920, 1930년대 우리나라를 대표하는 서예가였으며 서체는 오체

(五體)에 모두 능하였다. 석아가 1928년 광주로 와서 석아정을 만들었으므로 그 무렵의 글씨일 것이다. 현판에는 '성당(惺堂)' '김돈희인(金敦熙印)' 외에 '역족이창서유정(亦足以暢敍幽情)'이라는 두 인이 새겨져 있다.

오방정 다섯 오五, 놓을 방放, 누정 정亭

나무[木], 94.0×46.0×3.7cm, 광주광역시 문화재자료 제22호

오방정 현판은 석아정 현판의 뒷면을 이용하여 만들어, 석아정과 오방정이 앞뒷면에 새겨져 있다. 석아정의 주인이었던 최원순 선생이 1936년 운명한 후, 석아정이 오방 최흥종 선생에게 이어지면서 현판도 이어진 것이다. 오방은 최흥종 선생의 아호로, 다섯 가지 욕망에서 자유롭게 살겠다는 뜻이 담겨 있다. 그 다섯은 정치, 경제, 사회, 종교, 가정에도 얽매이지 않겠다는 스스로에 대한 약속이었다.

글씨는 의재산인(毅齋散人)으로 되어 있으니 의재 허백련 선생의 작품이다. 산인(散人)이란 '평범한 사람, 쓸모없는 사람'이라는 겸

양의 뜻으로 자호 밑에 붙이는 말이다. 허백련은 글씨와 함께 매화 그림을 그려 넣었다. 오방정 세 글자는 양각으로, 의재산인과 매화는 음각으로 새겼다. 석아정과 오방정, 그리고 이를 이은 춘설헌이 한 자리에 있었던 건물인 만큼, 현판 하나에 뜻있는 세 분의 자취가 담겨 있다는 점에서도 매우 의미가 깊다.

춘설헌 봄 춘春, 눈 설雪, 집 헌軒

나무[木], 33.0×115.0cm

소암 쓰다 素菴題

춘설헌 현판은 오방정을 이어받은 의재 허백련이 세상을 떠날 때까지 약 30년간을 살면서 그림을 그리고 제자들을 길렀던 곳인 '춘설헌'의 현판이다. 춘설헌의 '춘설(春雪)'은 중국 남송 때 사람 나대경(羅大經)의 문집 『학림옥로(鶴林玉露)』에 실린 다시(茶詩)에서 왔다. 그 시구 가운데, '물 끓는 소리 모두 가라앉길 기다리니(待得聲聞俱寂後) 한 잔의 춘설차는 제호보다 낫구나(一甌春雪勝醍醐)'라는 구절에서 '춘설'을 따 그가 즐겼던 차의 이름[춘설차]으로 썼고, 당호 또한 춘설헌이라 하였다.

양각으로 새긴 춘설헌 글씨는 제주의 대표적인 서예가였던 소암(素菴) 현중화(玄中和, 1907~1997) 선생의 작품이다. 서귀포에 있었던 현중화의 서실 '조범산방(眺帆山房)'의 현판 글씨는 의재 허백련이 써 줄 만큼 두 사람은 생전 매우 가깝게 지냈다. 현판에는 '화광동진(和光同塵)이라는 두인과 소암(素菴), 현중화인(玄中和印)이라는 도장이 새겨져 있다.

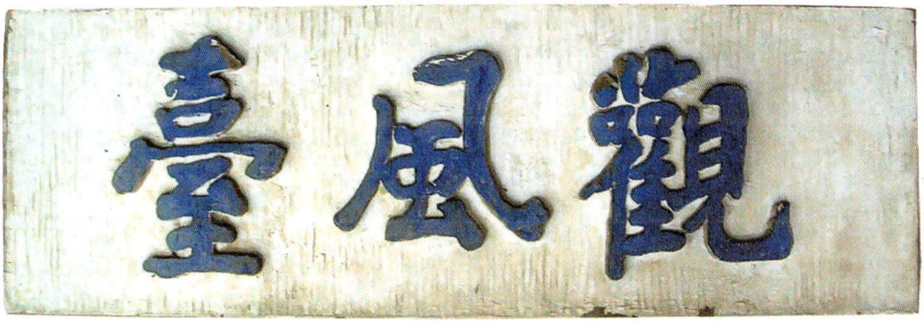

관풍대 볼 관觀 바람 풍風 누대 대臺

나무[木]

관풍대는 무등산 자락 춘설헌에 기거하던 의재 허백련이 지인들과 함께 차를 마시며 세상사를 논하던 장소로, 춘설헌 올라가는 길 오른편에 있다. 관풍의 관(觀)은 자세하게 생각하면서 본다는 말이다. 풍은 바람 풍(風)으로 풍속이라는 말로도 쓰인다. '관풍(觀風)'이란 '경치를 본다'는 뜻도 있지만, 더 나아가 '시류를 본다, 풍속을 살핀다'는 뜻이 있다. 산속에 묻혀 살던 허백련이 세상 돌아가는 소식을 듣는 장소라는 의미가 담겨 있다.

현판의 글씨는 의재 선생의 친필 작품으로 여겨진다. 나무에 양각으로 새겼다.

광주문화재단 누정총서 10

양파정·춘설헌

초판 1쇄 찍은 날 2019년 11월 11일
초판 1쇄 펴낸 날 2019년 11월 20일

글 정경운
현판 번역 김대현
여행 길잡이 전고필
사진 인춘교

펴낸곳 (재)광주광역시 광주문화재단
펴낸이 김윤기
발행부서 (재)광주광역시 광주문화재단 전통문화관 무등사업팀
61493 광주광역시 동구 의재로 222
전화 062-232-2152

만든곳 도서출판 심미안
주소 61489 광주광역시 동구 천변우로 487(학동) 2층
전화 062-651-6968
팩스 062-651-9690
메일 simmian21@hanmail.net
블로그 blog.naver.com/munhakdlesimmian
등록 2003년 3월 13일 제05-01-0268호

값 10,000원
ISBN 978-89-6381-303-5 04900
ISBN 978-89-6381-296-0 (SET)